国家出版基金项目
NATIONAL PUBLICATION FOUNDATION

文化遗产档案丛书

天津皇会

刘家园祥音法鼓老会

冯骥才 主编　路浩 张彰 著　路浩 王晓岩 摄影

法鼓会是天津民间花会中一个十分重要的会种，刘家园祥音法鼓老会于清道光年间成立，以老会所在地刘家园村冠名，辅以"祥音"二字，预示着老会的祥和与安乐。经历了百年沧桑，老会依然传承有序，其会所建在刘园新苑社区之中，会具齐全，会员人数众多，表演精彩，技艺精湛，二○○八年被评为国家级非物质文化遗产。

山东教育出版社

本丛书为国家社会科学基金艺术学项目

"现代社会转型期天津皇会的研究"系列成果之一

丛书编辑委员会

主　任：冯骥才

副主任：向云驹　马知遥　郭　平

　　　　尚　洁　史　静（常务）

委　员：（按姓氏笔画排序）

　　　　马知遥　王晓岩　冯骥才

　　　　冯　宽　史　静　向云驹

　　　　张礼敏　尚　洁　段新培

　　　　姚树贵　郭　平　唐　娜

　　　　耿　涵　蒲　娇　路　浩

　　　　蔡长奎

总序

文化存录的必要

冯骥才

在时代急骤转型时，一部分民间文化的消失在所难免。

这种消失，有的是物换星移与新旧交替之必然，有的则因为失去了存在的土壤，无法再活下去；这是一种无可奈何花落去，一种在时代更迭和进程中的"正常死亡"。

当然还有一种"非正常死亡"：或由于利益驱动，自我割除；或由于浅薄无知，信手扬弃；或由于对致富的心情过于急切，草草处决了历史生命。故而，对于现存的活态民间文化遗产，我们必须抓紧做的事：一是力保，一是存录下来。

存录，就是在一项民间文化（即非物质文化遗产）尚在活态时，抓紧对其进行全面的田野调查，同时运用各种技术手段，尽可能将其完整地、客观地、详实地记录与保存下来。存录的目的是把动态的、不确定的、分散存在的、保留在人们的记忆、行为或口头上的文化遗产，采集下来，进行科学整理，从而为该遗产建立一份永久性的档案。

这样做的目的，一方面使我们对自己的遗产有完整而清晰的认识，有了必备的文献性的依据；一方面在其不可挽留时，还备有一份历史存照，不致烟消云散，化为乌有。这既是对遗产的科学态度，又是对历史创造应有的尊重，也是遗产学的工作之本。

十年来，存录的做法一直贯穿在我们文化遗产抢救的始终，如在中国木版年画、剪纸、唐卡、泥彩塑等诸多方面都进行了系统的存录和建档的工作。历史上，我们对民间文化多是成果或作品的采集。很少通过人类学、民俗学、历史学、民艺学等多学科的交叉和综合角度，进行整体的考察与田野记录，很少使用口述调查与音像记录等手段。这种方法是我们在社会转型期间，对中华民族的历史创造进行地毯式田野抢救时所采用的一种创造性的学术方法。在2009年举行的"田野的经验"国际会议上得到与会各国专家的公认和肯定。

十年来在全国各地已有很多学者与专家对某一专项民间文化遗产抢救时，也使用了这种方法。

这里则是对国家非遗的"皇会祭典"进行了如是的调查、整理和存录。

曾经兴盛于北方重镇天津、从属于妈祖祭典的皇会，具有深厚的文化内涵，浓郁的历史情韵，严格的程序套路，高超的表演技艺与强烈的地域精神。我国民间花会遍布民间，呈现于各地庙会与民间节庆中，像天津皇会这种大规模的都市民俗尚不多见。尤其令人惊讶的是，在当代都市大规模改造和居民动迁之后，这种民间结社性质的许多老会，依然"气在丹田"，凝聚不散，自行组织，自发活动，并没有被商业化，依然朴素地保持着民间文化的纯正性，为当今社会所罕见。表现了这一地域文化曾经扎根于民间之深之牢。同时我们也看到，在现代强势的都市文明的冲击下它面临的黯淡的前景与日渐消解的现实。为此，为这一城市的历史文化遗产建立科学的文化档案是我们必需承担的使命。

天津皇会始于清初，每年阳春三月海神妈祖诞辰吉日举行庆典，城郊各会齐聚天后宫，上街巡游，逞能献艺；一时城中万人空巷，会间百戏杂陈。极盛时期各类花会多至千余道。三百年以来，时代变迁，社会更迭，及至"文革"后百废待兴之时，尚存近半；然而，它所经历的最大的挫折应是近三十年的现代化冲击，致使当下仅存的老会不及百道。对其进行调查、整理、研究、存录及保护，给予主动和积极的学术支撑，都是刻不容缓的事。故此，我院一边将"现代社会转型期天津皇会的研究"作为重点科研课题（已列入国家社科基金学术研究项目）；一边对重点老会开展调查，逐一建立档案。本书便是该档案的文字与图片部分。

此次为皇会立档，一要做史料考证，二要做田野调查。前者求实，后者求真。对每道皇会都涉及其历史沿革、重要人物、技艺特征、音乐曲谱、器物种类、文献遗存、会规会约、传承谱系等等，这些历史上都鲜有记录。调查与印证之难自不必书，存录的价值与意义自在其中。应该说对这一历经数百年极具特色的民俗文化，在其濒危之际，将其完整又详实地存录下来，亦是一个小小的历史性的贡献。

我很高兴，这项工作已被我院一些年轻的师生承担起来了。由于他们此前完成了"中国木版年画传承人口述史丛书"，我相信这一套天津皇会档案能达到应有的文化质量与价值。

文化的存录对一个民族来说，是记忆，是积累，是面对过去、更是面对未来必须做好做细做扎实的事情。

是为记焉。

2013年5月31日

于天津大学冯骥才文学艺术研究院

目录

第一章

源起、沿革与文化空间

一、社区历史文化概况

刘家园村位于天津市北辰区北仓镇。北辰之名出自《论语·为政》："为政以德，譬如北辰，居其所，而众星共之。"[1]北辰区是天津环城四区之一，位于中心城区北部，旧称北郊。古为退海之地，自金元至明清，纵贯境内的北运河漕运大通道和陆路京华大道，是南粮北运、北货南输的交通要道，素有"皇家粮仓"的美誉。革命先驱安幸生，登高英雄杨连弟，教育大家张伯苓、温世霖，体育名将穆成宽、穆祥雄都曾生长在北辰区，这里也是中华人民共和国第六任总理温家宝的故乡。

北仓镇是北辰区辖属九个乡镇之一，自元朝在北京定都以来，就成为皇粮漕运的集散地。北仓镇是北辰区政治、经济、文化中心，得天时，享地利，拥人和，全镇总面积26平方公里，共辖十三个行政村和十个居委会，人口近五万。北仓古为幽陵，西周属燕国，秦隶雍奴县，汉属泉州县，唐属武清县，元属郭州，明清隶顺天府武清县，雍正九年（1731）改隶天津县，民国因之。其得名甚早，1279年朝廷在这一带修建南仓、北仓等直沽广通仓，因而得名，后因设有浅铺而称"引儿湾"或"尹儿湾"。清雍正元年（1723）建立北仓廒，南来漕粮在北仓停靠，供应北京皇粮仓储。至乾隆三十九年（1775），北仓已达300户人

---

1. 意为以德行来治理国家，就像北极星一样安坐在自己的位置上，其他的星辰便会自行在周围旋转运行。

北运河——京杭大运河的"龙头"

家，1400多人，房屋千余间的规模，成为"津邑繁华之地、漕运中心、仓储重地、粮菜产区、商贸物流集散地"[1]。据《北仓镇志》记载，北仓镇属于自然镇，位于北运河左岸，京杭大运河自北京的通州至杭州，全长1700多公里。北运河在北辰境内的小街村勤俭桥出境，全长20.5公里，而北仓段水域较宽，是个大码头，江南大型漕船只能行至此处，将漕粮卸下就地屯储，然后再换成小驳船运往进京，北仓便成为皇粮屯储重地和重要的水路交通枢纽。北运河水质极好，据村民介绍，饮用北运河的河水，牙齿非但不会变黄，反而会越发白亮。

刘家园村就坐落在北运河西岸，村后就是北运河。清代《津门保甲图说》中记载："北仓之下曰中仓，前此粮艘曾卸运于此，设仓廒一区。民舍填集，其对河曰菜园，曰刘家园，隄道出村而北，大道在河外。图内庙五，村五，渡口二，北界桃花寺。绅衿六十户，铺户二百二十一户，烟户七百四十九户，应役一十三户，傭作二百八十七户，负贩一百二十六户，船户六十五户，僧道三户，乞丐一十九户，共一千五百四十三户。"历史上，刘家园村的居民靠河吃饭的居多，撑船、捕鱼等都是重要的收入来源。刘家园村有渡口，村民几辈都是用摆渡接送民众来往贸易，如今这种局面已不复存在。以前的村落多

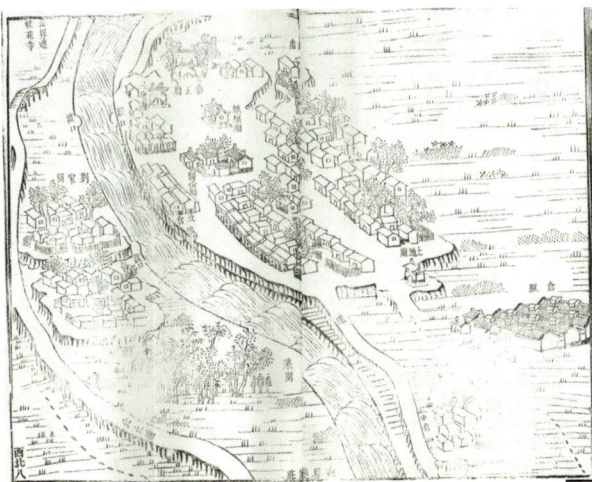

清代《津门保甲图说》中的北仓

---

1. 北辰区北仓镇志编修委员会编，《北仓镇志》，第64页，2002年9月。

是以一个大的家族为主而形成的，因此，刘家园村、王家庄、陶家花市、韩家墅，都带个"家"字，村民说立村的时候只有一户，后来人逐渐多了起来，行政编制从简，把"家"字都去了，刘家园村变成了刘园村，祥音法鼓还依然传续着刘家园祥音法鼓的称呼。村名中带"家"字有尊敬之意，因为行政原因去掉是刘家园居民所不情愿的。他们在可能的范围内尽量回归历史传统，比如将钹、铙的缨子从红色改为黄色，因为历史上一直是黄色的。

2007年，刘家园村成为第一批接受旧村改造的村落。拆迁期间，村民集体外出租房居住。旧村拆除后，在原址上建成了占地150亩的刘园新苑。村民纷纷回迁，"老少一个不差都回来了。这个对我们这个会的传承功劳太大了，如果拆完了以后东一片西一片，人们都散着，这

刘园新苑社区

帮人再聚一块儿都聚不了了，那还怎么传承啊"[1]？现在刘家园村有农业人口1300多、非农业人口2000多。村里60岁及以上的老人，每月领取生活费700元，端午节有200元，中秋节有600元，到春节还给所有农业人口人均1200元的补助。

1.采访对象：王振东；采访时间：2013年10月25日；采访人：路浩、史静。

二、老会的源起、发展与变迁

法鼓是民间艺术，是起源于佛教的一个乐种，曾是寺院里举行法事活动的一种打击乐。《法华经》序品曰："吹大法螺，击大法鼓。"《无量寿经》曰："扣法鼓，吹法蠃。"《大集经》五十六曰："法幢当摧折，法鼓声亦绝。"《大经慧远疏》曰："严鼓诫兵，说教诫人。"《嘉祥疏》曰："扣鼓诫兵，合佛说法以集众，欲进趣于善。"据《象器笺》十八载，法鼓也是禅林之器。法堂设二鼓，其东北角之鼓，谓之法鼓，西北角之鼓，谓之茶鼓。晋章安令孙绰有《游天台山赋》名世，其中有："于是游览既周，体静心闲。害马既去，世事多捐。投刃皆虚，目牛无全。凝思幽岩，朗咏长川。尔乃羲和亭午，游气高褰，法鼓琅以振响，众香馥以杨烟。"李白有《登瓦官阁》一首：

晨登瓦官阁，极眺金陵城。

钟山对北户，淮水入南荣。

漫漫雨花落，嘈嘈天乐鸣。

两廊振法鼓，四角吟风筝。

杳出霄汉上，仰攀日月行。

山空霸气灭，地古寒阴生。

寥廓云海晚，苍茫宫观平。

门馀阊阖字，楼识凤凰名。

雷作百山动，神扶万栱倾。

灵光何足贵，长此镇吴京。

天津最早的法鼓是大觉庵金音法鼓会，在西郊区西迎门乡前园村，这里最初就叫大觉庵。乾嘉诗人崔旭诗云："大觉庵前艳彩霞，千洼锦绣属僧家。游人漫说丰台好，佛地春开芍药花。"法鼓就起源于这花海佛国之中。相传这里的法鼓技艺是大觉庵僧人传授，始于明代。据说最盛时会众有四百之多。法鼓曲牌约十几套，常用的有《常远点》《老河西》《摇通鼓》《相子》《阴阳鱼》《龙戏珠》等30多个。其中被广为演奏的是《对联》《绣球》《叫门》《富贵图》和《上擂》等。

　　关于法鼓的起源，还有两个传说，一说李自成率军转战各地，常以铿锵宏大的法鼓作为军中之乐，以引导队伍和欢庆胜利。而当其败出京城后，部分散兵流落津门，在水陆码头出卖体力，暇时击法鼓以自娱，竟很受民众喜爱，于是竞相习奏，法鼓便在天津落户并流传开来；二是太平军北伐兵败，一位长官手下尽亡，出家津门，于庙中将悲愤之情化作法鼓曲子，传了出去，便有了法鼓。这两种传说在时间上都不太能和法鼓艺术的历史起源时间对得上，却在民间口口相传多年。

民间艺人尚君先生为老会创作的剪纸，表现的是茶炊子表演

　　刘家园祥音法鼓老会成立于道光年间，据说是北京寺院里来的两位和尚所传，与锦衣卫桥和音法鼓和杨家庄永音法鼓同出一门，都是武法鼓。由村里有威望的长辈组织，村民自愿捐助钱物，把法鼓会建立起来。法鼓的演奏发出吉祥雅韵之声，会里的老前辈根据这个特点而起祥音之名。因此，地名加上"祥音"再加上"法鼓"二字，形成了会名：刘家园祥音法鼓老会。天津潞河（今北运河）河段中有沽北四道法鼓会，其中河东有三道：

霍家嘴的平音法鼓，柳滩的德音法鼓，周庄子的容音法鼓，唯独祥音法鼓会在河西，在沽北法鼓会中历史最为悠久。该会建立之初，多是利用冬闲排练，春节期间演出，一是为了庆丰收、贺新春；二是为了出各种庙会，尤其是东顶娘娘庙会，以求保佑平安。

1900年7月13日，英、美、德、法、俄、日、意、奥八国联军侵入天津，肆意抢掠屠戮。"每日洋兵串行街巷，携带洋枪，三五成群，向各家索取鸡鸭、西瓜、鸡蛋等物，稍不如意，即开枪轰击。并搜抢首饰、洋钱、时辰表等件，翻箱倒箧，不堪其扰。稍一阻止，即动手伤人，或竟开枪轰击。"[1]

经此浩劫，曾有100万人口的天津城只剩下10万人。在这种背景下，人心惶惶，民不聊生，哪里还有玩儿会的心思，刘家园法鼓一时衰落下去。如果不是曹克忠的扶持，恐怕也不会有刘家园法鼓的有序传承。曹克忠（1826—1896），字荩臣，乳名二领，生于北运河畔西岸刘园村一赵姓人家。因家贫，无力抚养，四岁时过继给舅父王秦庄曹清顺为子，随舅姓曹。道光十二年（1832），沧州泥沽屯拳师王大友落户王秦庄。王大友出身少林，武功超群，青少年们纷纷拜王为师，遂在村中组织起众英少林会，后改名众缨少练会。克忠也经常到少练会习武。咸丰五年（1855），太平军北伐，直逼天津，清廷震动。时逢湖北按察使李孟群部在河北省青县马场招兵，曹克忠遂去投奔。曹克忠从军后累立战功，协助李鸿章整顿淮军，又随左宗棠入陕甘剿灭捻军和回族起义军，官至总兵，赐号悍勇巴图鲁。光绪十一年（1885）十一月，年近60岁的曹克忠以病开缺。慈禧命赏食全奉，并赐福寿字及上方珍物。曹克忠回到刘家园村营造曹公馆，修河堤、关帝庙，办花会。凡乡民有求，皆出面调理，得乡民尊崇。他看到会里器具破损严重，无法继续使用，就出资为法鼓会置办了一些道具、乐

1.《义和团》第2册，中国史学会编，第151，407，471页，上海书店出版社，2000年6月。

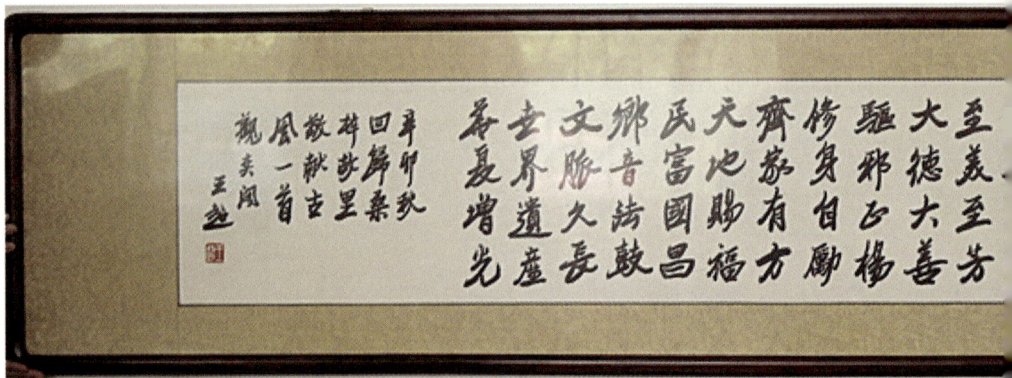

出生在刘园的书法家王超先生为老会所题《颂刘园祥音法鼓》，北辰区政府计划将其谱成歌曲

器，这才使法鼓逐渐恢复过来。到光绪年间，刘园法鼓会已相当兴盛，当时村里已有不下百十户人家。民国时期，老会健全完备，至今相传已有150多年。

在抗日战争中，有一次，日本兵扫荡到了刘家园村，发现村里祥音法鼓的会具古老精美，但是过于沉重，无法携带。其中一面鼓是早年间在上海买的，纯江豚皮，红面儿，鼓箱内设置了两套簧片，击鼓时声波震动簧片产生共鸣，因此音色美轮美奂。日本兵想弄清鼓的秘密，就用刺刀捅破了鼓面，致使其毁于侵略者之手。为了防止类似的事情再次发生，村民们精心地将会具藏在村口小庙的"仙人洞"（地洞）内，这些会具才逃过一劫。

经过八年抗战和解放战争，天津终获解放。村民又把法鼓会组织起来，他们庆祝解放，加入初级社时敲，成立高级社时敲，还到北郊区大舞台上表演，会史上第一次让铙、钹以"八"字形排开，表演荣获了天津市文化局颁发的第一届农民艺术节"百花奖"。

"文革"开始后，为了防止会具被破坏，村民们"化整为零"，将会具分别存放在有威望、责任心强的村民家中，才逃过一劫。

那些会具怎么办呢？他们三大户（老魏家、老丰家、老田家）就藏在惇二娘家南边的房子那里了，把门板都封上，在外面看不见。老百姓心里都有会，他会考虑会具，就谁也不问这个了。以他们三家为主，大伙就给保护封那了，就没遭破坏。要是这些东西没有保护住，也就没有现在的法鼓了。[1]

当时，法鼓会的"响器"（鼓、铙、钹、铛铛、镲铬）全部保存在老魏家。有人闻风来到魏家要砸会具，被老艺人魏彭祥厉声喝退，他大吼道："谁要砸会具先砸我！"这种大无畏的精神在刘家园一直被传颂至今。

改革开放后，在民俗复兴的大好形势下，村里想把法鼓会再搞起来。无奈会具破损、缺少服装、没有会所、没有曲谱、资金匮乏。时任村党支部书记的张振贵多次组织老会员座谈，集思广益，克服困难，由老会员丰振富带头，将法鼓会又恢复了。由于各方力量汇聚、村民团结一致，法鼓会办得自然越来越好。那些年祥音法鼓的演出十分火爆、兴旺，得到广大人民群众的赞扬和各级政府的重视，文明、和谐的盛世使古老的花会有了广泛的用武之地。天津市体育馆、"二宫"、娘娘宫、武清、葛沽、西

---

1. 采访对象：王振东；采访时间：2013年10月25日；采访人：史静、路浩。

老会于2008年被评为国家级非物质文化遗产

双塘等很多地方，都留有他们比赛和表演的足迹。

祥音法鼓曾多次获得各种奖项：

1956年，荣获天津市文化局举办的第一届农民艺术节"百花奖"。

1987年5月，荣获天津市文化局举办的津沽民间花会大赛"表演二等奖"。

1991年，荣获天津市北郊区举办的花会大赛"优秀奖"。

1999年，荣获北辰区国庆节百道花会表演"一等奖"。

2001年，应邀参加天津市妈祖旅游节，获"优秀奖"。

2005年12月，被天津市北辰区文化局定为"特色文化社团"。

2006年6月，荣获天津市第四届农民艺术节"优秀奖"。

2007年5月，王子才在天津市文化局举办的鼓舞大奖赛中被授予"天津鼓王"称号。

2007年6月，被天津市人民政府列为第一批"非物质文化遗产保护单位"。

2008年2月，被北辰区人民政府、区文化局命名为"精品花会"。

2008年6月，入选"第二批国家级非物质文化遗产"名录。

三、信仰空间

北仓的繁荣也带来了民间组织的兴起、庙会的繁盛和众多的民间花会。北仓的民间组织有水会、抬埋会（也称白抬会）等，这些会都是公益性的组织，和人们的日常生活紧密相关，同时和刘家园祥音法鼓老会也有着千丝万缕的联系。

天津的商贾富户多以扶弱济贫为荣。入清以来，天津的社会保障系统逐渐完善，多为民间发起、官商合作，以社区为单位，形成了一个社区，一套保障系统，一种文化模式的形态。具体到北仓，这里多行伍移民、中小商贾，他们生于码头，又以码头为生，性格开朗豪迈、乐善好施，于社会公益方面多有建树，自成体系，具代表性的有水会、抬埋会和在理教。

水会，亦称水局或火会，为民间公益性救火组织，以"急公好义，保护邻里"为最高宗旨。水会一般都有会所，出会资金来源为村民自筹，水会的灭火工具以水车为主，此外还有水龙带、激筒、挠钩、梯子、水桶和灯笼等。起初水车并无车轮，由人抬着走，后经改进才安上铁轮。水车为长方形大木柜，外包铁皮，内设水槽，水槽两边各有几个如同压水机样子的压水装置。车由4人共同操作，反复提起压下左右杠杆，形成一定压力，将水激起，再通过车中间的出水口经水龙带射向火场，射程可达15米。北仓有北仓水局，只要发生火情，一听到鸣锣报警声，水会会员及村民立刻前往救火。北仓花会出会时，为了保证安全，水会也随之出会。刘家园村祥音法鼓会的会具之一——九莲灯的架子是就用水会的水机子架子做的。

抬埋会，也称"白抬会"，是民间公益性组织，有公共场所作为会所。每月由公所出面向大家筹集募捐，数额不限，用以置办一些简单的丧葬用品，置于白抬会之内。每年的清明节前和腊月初八，抬埋会会员都要查看有无裸露在外的白骨和没添土的坟墓，把露在外的白骨埋好，把没添土的坟墓添好，凡无法独立承担亲人丧葬事宜的本地人，皆可到白抬会前磕个头，求口薄皮棺材。故而，也习惯称之为"磕头会"。刘家园村有个慈善堂，是白抬会的会所。谁家老人死了，没有钱料理，白抬会的会员就给抬走，白抬白埋，所以当地流传着一句话："没钱讨棺材，上北仓讨棺材。"白抬会会员有20多位，清末时，刘家园村祥音法鼓平日就在白抬会练习。

慈善堂也是刘家园村在理教的人的活动场所。在理教，又称理教、理门、理善会、白衣道、八方道，可以算作是无为教的分支。创立于清康熙中叶的在理教，是一支在教义思想上迥异于清代大多数民间宗教的新型教派。其创始人是一位具有反清复明思想的明朝遗民，这就是被在理教信徒奉为第一代教宗、尊为羊祖的羊宰（创教人为山东即墨的羊来如，也作扬莱儒，本名羊宰，教内称羊祖）。据教内传说，羊宰生于明天启元年（1621），曾登崇祯癸未进士。入清避世，云游天下，宣传反清复明思想。与明末清初大多数民间宗教教派的教义思想不同，羊宰创立的在理教，以佛教信仰中的观音菩萨为最高神灵，以道教内丹为修持功夫，以儒家五伦八德为教义核心，通过"正心修身"内圣之道，达到克己复礼、天下归仁的尧舜境界。为了保证教义的实行，羊宰定有八大戒律：不吸烟、不饮酒、不烧草香、不焚纸帛、不拜偶像、不吹打念唱、不书写符咒、不养鸡猫犬等。其中，以不吸烟、不喝酒两项为最主要的戒律。在理教创立于清康熙中叶，一般都强调不抽烟、不喝酒，还要求孝顺父母、和睦乡里，只准行善不许作恶等。入教时传道师传授"五字真言"，即"观世音菩萨"五字，平时只准在心中默念，不许出口，遇到大灾大难则面向东南高喊三声五字真言，便可逢凶化吉。

从《津门保甲图说》中的地图可以看出，北辰地区的庙宇有娘娘庙、药王庙、三圣庙、关帝庙、土地庙。农历六月二十四日，是关羽诞辰之日，关帝庙（亦称火神庙[1]）会香火旺盛，相传次日事关雨水，故求关老爷发恩风调雨顺。旧时民间花会虽然以地域为组成中心，但是出会却是以村落附近的庙会为核心。庙既是村民的信仰中心，同时由此信仰辐射出更多的民俗活动。刘家园祥音法鼓老会的信仰空间有二：天津皇会和北仓东顶娘娘庙会。

1. 天津皇会

"先有天后宫，后有天津卫"，天后宫建于元泰定三年（1326），原名天妃宫，俗称娘娘宫，历经多次重修，是天津市区最古老的建筑群，也是中国现存年代最早的妈祖庙之一，属于宗教建筑。建筑群坐西朝东，面向海河，由山门、牌坊、前殿、大殿等组成，属典型的中国传统庙宇式建筑。每年天后诞辰，以天后宫为中心举行大型民间酬神庙会活动，沿河船户、周边信众亦纷纷前来，各地商贾云集，造就了天津最著名的商业街——宫南宫北大街（今古文化街）的繁荣。元代张翥《代祀天妃角次直沽作》描写了拜祷天后盛况："晓日三汊口，连樯集万艘，普天均雨露，大海静波涛。入庙灵风肃，焚香瑞气高。使臣三奠毕，喜色满宫袍。"清人蒋诗《沽河杂吟》有"刘家巷里如云舫，部祷灵慈天后宫"的诗句。孟韫徽《津门杂咏》说："三月村庄农事忙，忙中一事更难忘，携儿结伴舟车载，好向娘娘庙进香。"清人崔旭《津门百吟》诗曰："飞翻海上著朱衣，天后加封古所稀。六百年来垂庙飨，海津元代祀天妃。"总结性地描写了清朝皇会的隆盛场景。

---

1. 关羽为火神下凡的传说广泛流传于西南、西北地区。其故事情节大致是：玉皇派火神（火德星君、火龙、火文星等）下凡烧百万之家，火德星君心疼百姓，只烧了百家和万家，犯了欺君之罪，要被斩首。火神遂托梦和尚（或道士），在他被斩之时，用盆接住从天上滴下来的鲜血，经过念经诵咒，若干天之后，打开盆盖，里面就会出来一个娃娃，和尚把娃儿送给磨豆腐的冯姓孤老（或庚姓的员外，或洪姓的老人）抚养。娃儿快速长大，武艺出众，因打死人（或杀死凌人之富豪）外逃，得观音之助，变成红脸长须的大汉，取名关羽。因化身关公的火神下凡，而在西北地区形成了以火禳灾的民俗节日燎干节（又称"散疳"、"炼乾"）。

天津皇会是为祭祀海神——天后娘娘诞辰而举行的大型庆典，皇会是有组织、有计划并有严格规定的庙会形式，也是天津最为隆重的民俗活动。

天津皇会最早称娘娘会，每年农历三月二十三天后（妈祖）诞辰之日，要举行隆重的妈祖祭典和出巡仪式，社会各界人士共同参与祈福，酬神娱人，"一般善男信女特为规定庄严之仪式，筹备隆重之礼节，为天后圣母出会，以求祛灾赐福"[1]。这一祭典仪式之所以改称皇会，据《天津皇会考纪》记载："乾隆皇帝下江南途径天津适逢会期，喜欢乡祠'跨鼓'表演，特御赏黄缎马褂四件，鹤龄会演唱得很好，四位鹤童每人赏给金项圈一个，其外龙旗两面。"[2]但这种说法尚存疑问，乾隆在位六十年，驾崩于1799年2月7日。乾隆朝文人于豹文撰《天后会四十韵》云："神光缥缈隔沧瀛，士女欢娱解送迎。雾隐七闽潮上下，云开三岛画分明。翔鹍低映蛟宫水，绣帨遥连赤嵌城。万古郊禖同享祀，一时向若共飞声。"这是目下所知最早记述娘娘会的文学作品。于豹文(1713－1762)，字虹亭，号南冈，清乾隆三年举人，十七年成进士。所著《南冈诗钞》十六卷，其卷十二即载此《天后会四十韵》，但并未题作《天津皇会四十韵》，说明至少1762年时尚未称作皇会。

"皇会"一词的最早出处，据高鸿钧先生考证见于樊彬撰《津门小令》。《津门小令》为记天津风土之作，前有小序谓：曩见人有为《扬州忆》小令者，爱其辞意新婉，"因思沽上有小扬州之目，偶效其体，得百余首"，盖竹枝之类，"时嘉庆戊寅夏日"，也就是嘉庆二十三年（1818）。其中第51首小令谓："津门好，皇会暮春天。十里笙歌喧报赛，千家罗绮斗鲜妍，河泊进香船。"下注云："天后神最灵应，三月出

---

1. 望云居士：《天津皇会考纪》，天津：津沽文学社，1936年。
2. 望云居士：《天津皇会考纪》，天津：津沽文学社，1936年。

处，赛会云集，名皇会，数百里皆来进香。"这是目前所知最早把娘娘会称作皇会的记载。到道光四年（1824），又有"安砚津门"的庆云崔旭（1767–1845）晓林氏作《津门百咏》中有咏"皇会"诗云："逐队幢幡百戏催，笙箫铙鼓响春雷。盈街填巷人如堵，万盏明灯看驾来。"下注曰："天后宫赛会，俗称皇会。"皇会的得名应该是一个逐渐阐释的过程，是后几朝对乾隆时期民俗活动的想象和演绎。

　　天津皇会的时间安排为农历三月十六日送驾，三月十八日接驾，三月二十、三月二十二日出巡散福。在十八日接驾中，序列为捷兽、跨鼓、中幡、萃韵吹会、辛庄圣字灯亭、法鼓、西池八仙、老县署接香、日罩、提灯、提炉、灯扇、献灯、送生娘娘宝辇，同心法鼓、老县署接香、日罩、灯扇、提灯、提炉、献灯、瘟疹娘娘宝辇，老县署接香、日罩、灯扇、提灯、提炉、献灯、子孙娘娘宝辇，庆寿八仙、南门内接香、日罩、灯扇、提灯、提炉、献灯、眼光娘娘宝辇，金音法鼓、南门内接香、道众行香、永丰屯大乐、鹤龄、銮驾、日罩、提灯、提炉、天后圣母华辇、护驾。十八日的路线是由千佛寺起驾，经双庙街、驴市口、西头湾子、双街口、太平街、针市街、估衣街、毛贾夥巷、宫北大街进宫。对于会众来说，能够出皇会是一件极为荣耀和有脸面的事情，皇会既可酬神娱人，同时又加强了经贸的交流与合作，有些会一旦出会，下次还会出会，这是皇会的会规。1936年举办了最后一次规模宏大的皇会，此后，便无大规模的妈祖祭典仪式。一直到21世纪初，才开始按照旧制复兴皇会。

　　妈祖出巡仪式中，各会抓阄排档，依次而行，其行会表演融聚了净街、中幡、挎鼓、法鼓、旱船、秧歌、宝辇、銮驾、高跷等40多种天津民间技艺精华，按表现形式和内容可分为指挥协调类、公益服务类、仪仗銮驾类、坐会设摆类、还愿劝善类、玩意儿表演类等六类，总计300余道。有服务性质的会，如扫殿会、净街会、请驾会、梅汤会等；有仪仗性质的会，如门幡会、太狮会、广照会、宝鼎会、接香会、日罩会、灯罩会、銮驾会、华辇会、护驾会、灯亭会、鲜花会等；有以各类乡村民间花会为基础的表演会，如中幡、法鼓、高跷、秧歌、杠箱、花鼓、捷兽、大乐、十不闲、挎鼓、杂耍、重阁、抬阁、莲花落、《洛阳轿》、《锔缸》、《胖姑学舌》、《长亭》、《瞧亲家》、《渔樵耕读》等玩艺儿会。其中，法鼓会是天津皇会中数量最多的会，也是天津独有的一种民间花会形式。刘家园祥音法鼓老会曾经也参与到皇会之中，当时鼓手丰奎年仅12岁，其精湛的表演使老会的名号享誉津城。

随着经济发展，天津皇会逐渐演化成将神祇崇拜、宗教信仰、问医求子、祈福还愿、赛会演剧、男女游观、访亲会友、社会交往、城乡商品交换等集于一体的庙会形式。2008年，天津皇会入选第二批国家级非物质文化遗产名录。

2. 北仓东顶娘娘庙会

刘家园法鼓会除天津皇会外，另一大信仰来源是泰山信仰体系的东顶娘娘。东顶娘娘称呼由来与泰山的神祇体系在北京地区的传播有关。《灵应泰山娘娘宝卷》这一文献成书于明万历末年的北京地区，可能是明末黄天教或西大乘教教徒所编。书中第十品讲到这是京都张员外妻董氏夫人因无子发愿所刊印。泰山女神信仰的流播以大运河为载体，南到长江，北到京津地区。《灵应泰山娘娘宝卷》第二品中说泰山娘娘：

> 立令场普天下尽都扬名：三头营惟东顶娘娘镇就，丫结山惟北顶普度众生。立涿州修庙堂普度男女，马驹桥正正低（的）镇住北京。白草洼新修盖行宫殿宇。

第十六品写泰山娘娘"巡行三界"时，也提到上述这些"行宫"，其中马驹桥一处称"歇马堂"。

"白草洼"后人称之为"西顶"，其庙为护国洪慈宫。明末太监刘若愚《酌中志》称："万历三十六年（公元1608年），始建西顶娘娘庙于此。其地素洼下，时都中有狂人倡为进土之说。凡男女不论贵贱，筐担车运，或囊盛马驮，络绎如织。"[1]上文已述，这本宝卷编刊于万历四十五年后不久，所以称此地为"新修盖行宫殿宇"。

"三头营"在北京东直门外，故称"东顶"；丫髻山在京北昌平县境，故称"北顶"。清顾炎武《昌平山小记》卷下云："（州）东南三十里为丫髻山，二峰高耸，上有碧霞元君祠。"

以上说明在万历年间北京地区崇祀泰山女神最盛的是通州马驹桥的元君庙，它也是最早建立的泰山女神庙。其地处在北运河中段，临河西向建，印证了女神信仰是沿着大运河往北传播的[2]，同时也说明清初北京

坐落在盛仓新苑社区广场中的东顶娘娘庙

1. 《万历野获编》卷二九"谣言进士"条也有相同记载。
2. 明人所建泰山女神"行宫"多在运河所经州县，且多临河而建，此亦泰山女神沿大运河南北传播的旁证。参见蒋静芬《江苏方志中的碧霞行宫》，载《泰山研究论丛》第四集，青岛：青岛海洋大学出版社，1991。

地区女神庙"邦郭之间、五顶环列"的局面尚未形成。至于清及近代女神香火最盛的"金顶"妙峰山庙会，更是清代康熙以后的事了。

北仓地区信奉碧霞元君，祈求娘娘保佑五谷丰登、天下太平、家族兴旺多子，因此于康熙初年在北仓建娘娘庙，坐落于北仓厂东北面，为两层大殿，前殿供奉毕娘娘，后殿供奉东顶娘娘、眼光娘娘、送子娘娘，香火极为旺盛。因为北仓是皇粮仓储重地，漕运期间所有运粮的船，都来此朝拜祈求平安。

东顶娘娘像

刘园的老人中流传着东顶娘娘出巡散福的故事。据史书记载，东顶娘娘出巡活动可考的有两次，一次是1898年，另一次是1921年。

东顶娘娘出巡散福的时间为正月十四、正月十五和正月十六。其出会时的会序由长青会的总组织者抄写后贴在庙前。相传，光绪五年己卯科举人卢丛林因为种种原因并没有外出做官，而是组织了一个长青会，相当于天后宫的少练会，组织严密、负责防险、筹措组织费用、安排公式，并撰写娘娘出巡的公祭文。各道老会出巡时都要按照长青会制定的会序进行排列。长青会有至高无上的权力，会里的人都是当地的名士乡绅，由众人推举，其中各会会长都是长青会成员，主要负责所有花会出巡的组织安排。这体现了地方文化精英在民间活动中的作用和功能。

1921年的出会顺序是：北仓前街精忠说岳灯棚、北仓后街三国演义灯棚、北仓净街老会、北仓门幡老会、北仓阎庄宝善中幡、北仓公议随驾狮子、北仓敬香香斗老会，北仓公议杠箱、阎街村群英少练、北仓凌云小车会、北仓凌云高跷、北仓公议十步闲、王庄村顺和高跷、王秦庄众英少练、王秦庄同议高跷、周家庄同乐十步闲、上蒲口同乐高跷、北仓庆兴斋大乐、南仓童韵花鼓、王秦庄长春雅音会、李家嘴同和高跷、柳滩村德音法鼓、北仓蚰蜡庙小车会、北仓蚰蜡庙高跷、韩家墅上善道乐、韩家墅权乐高跷、北仓同乐花鼓、北仓同乐高跷、桃花寺同善道乐、北仓鹤翎会、屈家店博善道乐、刘家园祥音法鼓（这道会正是在驾前）、北仓白马圣会、北仓驾前华盖宝伞、北仓驾前銮驾、北仓紫银灯亭、霍家嘴平音法鼓、北仓怡和大乐、三霄娘娘宝辇、北仓天兴斋大乐、东顶圣母娘娘宝辇、周家庄荣音法鼓、北仓国术馆少练老会。

四、民间故事与传说

1. 石狮显灵

明永乐四年（1406）于北仓建百万仓，可储粮百万石，朝廷派重兵镇守。雍正元年（1723）建北仓廒，占地375亩，设仓房48座、720间，可储粮40万石，供军队和朝廷使用，由军队的官吏负责储藏运输和管理。由于战乱和连年灾荒，粮食的屯积量极为不足，加上苛捐杂税，百姓被迫逃难流落他乡，粮食的屯积量也越来越少，造成军队供给不足，缺粮现象十分严重。经查粮仓内的粮食不但存储量减少而且丢失现象十分严重，管粮的官吏写奏折上报皇帝，皇上传下圣旨"一定要查个水落石出"。粮仓内进行了翻天覆地的大折腾，有了结果，几年间粮仓亏损粮食二万五千石，怎么不知不觉损失了这么多粮食呢？官吏内部思想不统一，有的说是老鼠给盗走了，有的说防范不力被老百姓偷走了，奏书上报后，派下官吏督查处理。

北运河北仓段的河西面隔岸是刘家园村，当时村内有一处豪华住宅称为曹府，是慈禧太后的干儿子曹克忠曹大帅的私人宅第。曹大帅退役

曹大帅府邸门前的石狮子，现已丢失

于1885年，回到刘家园以后就着手盖自己的公馆。因为他是刘家园生人，退役后归故里。曹大帅府按照北京四合院设计，清朝建筑风格，院舍是长7间房、宽7间房的距离，中间是正阳门楼，好不气派，红彤

彤的大门两边坐落高大的石狮子，显得十分威武庄严。每次南下或北上，曹大帅都在北仓渡口停泊上岸，回府上休息或为村上做一些善事。刘家园村祥音法鼓就是曹大帅为村里购置会具并请来师傅教会的。于是村里兴起了学法鼓的热潮。

皇上下圣旨，责成曹克忠曹大帅直接参与粮仓丢粮事件的督办，而曹府又是督办丢粮事件的办事处，一些官吏经常出入此地，经过一段时间的调查，管粮的官吏们拿不出损失粮食的证据，就编造了一个神奇的故事，在石头上动了心思，说是曹府门口的两只石狮子显灵了，吃掉了粮仓内二万多石的粮食，要把石狮子的牙砸掉，爪子砸断。曹大帅作为督办，对这种谎言十分恼火，便回京禀报，慈禧太后说："世间竟有这样的怪事，不可想象，看在你的面子上，粮仓丢粮的事就不再追究了，以后再也不得发生此事。"曹大帅为保住自己府上的石狮子，便匆匆忙忙回到府上，不料石狮子的牙和爪子仍被砸掉砸断。毁了自己心爱的一对石狮子，曹大怒，下令缉拿砸毁石狮子的罪犯。过了一段时间，仍没有下落，可自那以后粮仓的粮食再也不丢了，这使曹大帅倍感欣慰。石狮子砸坏了，可以后再也没有换成。

粮仓的粮食真的丢了吗？确实是丢了，就是那些管粮的官吏们捣的鬼，偷粮卖粮发国难财，又害怕丢了自己的乌纱帽，才编造了这样一个荒唐可笑的骗局。

曹府门口的一对石狮子受了冤枉，牙也没了，爪子也断了，饱经风霜一直委屈了这么多年，现在可以平反昭雪了。

2. 皇仓与果园

1900年7月，八国联军打入天津，进攻北仓，沿途纵火破坏，将占地300多亩的天下第一皇仓北仓廒全部烧毁，该地一直荒芜多年，杂草丛生。20世纪30年代，北仓士绅孙子贞以兴学为名向天津县政府租得该地，共20余亩，每年租金为55元，孙用该地建设果园，种植梨树、枣树、李子树、杏树和部分苹果树，果树茂密、果实累累；40年代后期，果园生产的优质果品享誉津门；1953年建区后，果园逐步被占；70年代，由区政府统建住宅楼，即现新华里小区，果树全部被砍掉，建楼后又种上了大叶杨树，长势也极为茂盛。为此这个地区被称为"果园"，其实果园的前身是"皇仓"，也就是说这块土地上还没有果树的时代一片荒凉，但无论地上长什么都非常茂盛，是一块风水宝地，北仓、刘家园一带的六七十岁的村民都来过此地。

关于"果园"还有一个传说。很久以前，北运河上南来北往的运粮船、渔船、商船川流不息，部分船只停靠在北仓码头，与岸上通商交流，一只从苏州一带驶过来的商船就停泊在码头附近，一连好几天没有离开。一天子夜后，商人发现岸边有星光闪亮，在月光的照射下亮光更为耀眼，大约半个时辰星光不见了。他很是好奇，继续观察，第二天没见，第三天没见，在第四天同一个时间又有星光闪耀，而后闪光点一下子进入河内，随后带来河水的波动，好像刮起六七级大风，船只发出猛烈的碰撞声。船上的人们都惊恐万分，过一会儿星光又出现在岸边，然后慢慢地消失在杂草丛中。天亮了，商人想弄个明白，上岸到星光闪耀的地方观看，发现岸边内陆深处有两条土路磨得很光，便顺着磨光路一直察看到"果园"的杂草丛中。惊奇地发现了一个有一人腰粗的大洞口，商人恍然大悟，啊！是蟒蛇，不，是蟒龙！是蟒龙的鳞片在月亮的照射下发出的光亮。这是宝贝啊！商人到村里的铁匠铺打了数把飞快的尖刀，算好时间差，并把尖刀立着牢固地埋在靠近岸边的两条磨得很光的道上，迫不及待地上船等候。子夜时分，两条光亮迅速向岸边驶来，到了河边光亮慢慢地暗了下来，商人急忙下船跑到现场，啊！两条庞然大物一动不动地趴在岸边，血水流进北运河，染红了纯净的河水。商人急速地将两条蟒龙的皮剥下，运往船上起锚连夜南下。

3. 仙庙神像不湿

据前辈们相传，在当地广大的农村家庭都供奉"五大仙"（百姓们称之为"五大家"），分别是狐家（狐狸）、黄家（黄鼠狼）、白家（刺猬）、柳家（蛇）、灰家（老鼠）。

信奉"五大家"在农村非常普遍，根本原因是这五种动物与田野中劳作的农民的生活密切相关，以致于农民们将之作当保护神予以供奉。逢年过节，当地农民都要在家中供奉"五大家"，并且在"填仓二十五"（正月二十五）用白面制作各种动物、柴垛、粮仓来馈赠"五大家"，祈求保佑庄户人家有米下锅，有柴烧。

刘园村西的"五大仙庙"就是在这种背景上兴建起来的。该庙始建于清乾隆年间，据考证，原址占地面积约1600平方米，民国时重建。该庙自建成起就香火不断，一个很重要的原因是当地流传的一个故事。

据村中老人讲，因为刘家园村位于北运河畔，经常受洪水侵扰。有一次发洪水，水势凶猛，冲垮了河堤，并迅速淹没了五仙庙周围的土地。此时，出现了一位勇士，冒着生命危险，大步流星冲入庙中，

如今，五仙庙就在祥音法鼓老会会所之中

将神像画轴取下揣入怀中。此时水已涨至胸口，这位勇士忙将神像取出，高高举过头顶。水位不断上涨，眼看就要没过头顶之时，一位船夫划着小船出现了，船上站着一位老者，身量颇长，穿一件长袍，面容清癯，白髯飘飘，他动作敏捷，伸手把这位勇士拉上船。脱困之后，勇士发现，这位老者和神像中的一位颇为相似，掏出神像仔细打量，原来这位就是五大仙中排行第四的柳四爷。他猛一抬头，柳四爷已经无影无踪。此时，船夫才明白过来，跪倒在神像前。

从此之后，柳四爷显灵的事迹在村中流传开来，从那时起，周围村庄的百姓遇到灾祸或逢年过节，就都会到五仙庙来磕头烧香，祈求平安。

第二章

会规与会况

一、入会

祥音法鼓老会过去入会较为严格，有地域和性别限制，即必须是本村村民，且传男不传女。人们把入会视为一种荣耀，一家几口人或几代人都参加法鼓，基本上是家族传承机制。每次出会，基本上全村的男性都要参与其中。玩法鼓的大部分都是穷苦子弟，晚上一听到哨鼓，就往会里跑，会里非常热闹。随着生活方式的变迁，会中老会员越来越少，传承一度发生危机。于是老会在入会上放开限制，女孩子也可以练习敲镲铬，中青年妇女在人手紧缺的情况下也可以手执前场执事行会，并且对于青少年学习钹铙，会里还给予适当的补贴。会所里张贴着会员表，登记着会员的姓名和联系电话，出会时可以电话通知。

以前没有会员这一说，谁玩儿法鼓谁就是会里的人。原来的会头都是打鼓的，谁鼓打得最好，而且能够掌握整个会，就叫会头。会员说："态度好，脾气好，对会的东西爱护，多受累，不计代价的人才能当会头。"现在会里年龄最大的会员是魏祥云魏四爷，今年90岁了，最小的会员叫刘向龙，2013年时刚刚5岁，会龄已有两年多了。法鼓会被誉为"五世同堂老少会"。现在，随着老会员的不断逝去，青年人对花会又较冷漠，老的规矩已经无法适应花会传承的实际需要了。有的老人回忆起儿时随大人出会的情景感慨万千。过去刘家园村只有四五十户人家，出会时不算前场需要四五十人，带上前场就要六十多人。即便如此，小孩们依旧需要争取，才能在会中担任一个相对"露脸"的角色，如打镲铬等。现任的副会长王旭说他八九岁时就跟着出会，那时候会头通知要出会，他根本轮不上打铛铛，总是跟着搬板凳。

这里要提一下老会的会所。会所是存放会具和日常排练的场地，它构成了老会主要的记忆空间和文化空间。改革开放后，老会有了与"老年协会"共用的会所，整个乐队才免受露天排练之苦。随着条件的改善，2010年，老会搬入了刘园新苑的新会

老会会帖印

印制的老会会帖

老会的会印

老会会所在刘园新苑社区之中，由几间平房组成

所。新会所由村里出资兴建，由数间平房打通构成，面积约180平方米，造价40万元。其中包括80平方米的会具存放室和90多平方米的排练场地，设施包括电扇、空调、排烟机、饮水机等；墙上悬挂有曲谱、会具图、奖状证书与老会参与大型演出的图片等。会所的排练场地放置有桌椅，在排练之余也是会员聊天、商议事情与举办活动的场所；近来又将五仙庙置于其中。会具存放室则主要用于存放老会的会具与各种资料。会所内还悬挂了书法家王超先生为老会所题的匾额与长卷，以及青年民间剪纸艺人尚君的剪纸等诸多艺术作品。2011年，刘家园村祥音法鼓会被天津市文广局评为"非物质文化遗产"保护示范基地。

二、出会

皇会是一个组织严密、等级分明、礼仪繁缛的庙会形式。包括刘家园祥音法鼓会在内的天津沽北花会，受市区各道传统老会的影响，其礼仪、表演、会具完整齐全，华丽程度和市内其他老会没有区别。祥音法鼓出会之前都要在本村"拜庙"，行会到一个地方也要在当地"拜庙"。清代，刘家园村头有一个五仙庙，出会之前，会员们要在这里烧香膜拜，祈求出会平安、一切顺畅、不出现磕磕碰碰。"我们这个会要拜庙，到哪儿有庙就得拜，在庙前面必须先打一套家伙，拜拜庙不出别的事。"[1]拜庙时会头上香，会员们"打一套"（打一套典牌），大概十多分钟，随即引锣"一响"即刻走人。法鼓会外出表演，遇庙宇、寺院，也要上香或摆一场，保佑出会顺利、不出意外。

祥音法鼓的出会形式分为设摆和行会两种。

设摆时，把前场设摆在场地中，后场在中间表演。前场原是"娘娘出巡"时警示人们回避和携带随身物品的编队，包括高照、灯牌等各种仪仗执事，也称之为"文场"；后场为法鼓五种演奏乐器——鼓、铙、钹、铛铛、镲铬的表演，也称之为"武场"；前场设摆的时候得看情况：如果是八字型的马路，就需要左右八字排开；如果是在较为正式的场合，如广场等，设摆时就得有个八字形的角落才好；若是为商铺等进行表演，法鼓会也可以冲着门脸儿摆，这样摆的时候，以鼓为中心，以大八字型辐射开，意思就是说这块地方是我的。要把前场设摆在场地中，武场在中间表演。武场会摆得较近，文场会摆得较远，因为武场表演以前，文场要先表演。武场设摆，要以鼓为中心，其他乐器成对称的位置摆设。鼓一面，其他乐器最少为四套，且必须为双数。具体的设摆方式是：鼓放置在鼓箱中，摆

---

1. 采访对象：魏祥云；采访时间：2013年10月25日；采访人：路浩、史静。

老会设摆实物图

在中央；钹、铙、镲铬、铛铛，放在鼓箱子前面的大箱子上。过去设摆要搭一个大棚，还得请其他友好的会，大家到一块儿来，热闹热闹。鼓后面是大纛旗，晚上大纛旗要换为可以放置蜡烛照明的九莲灯。鼓两边一边一个串灯，鼓箱子两边呈八字排列，左右对称，依顺序分别是样笸、茶笸、衣箱、圆笼与八方盒子（会员称其为"八角盒"），灯牌、大硬对、小硬对、大软对、小软对、高照，最外面为一对门旗。手旗围绕在整个设摆场地的外面，在夜晚的时候会将手旗换成手挑。在这个八字形的设摆中间，放着茶炊子与气死风灯，一般摆放成一排，有时两排。武场表演开始的时候，其他设摆的顺序不变，钹、铙、镲铬、铛铛从大箱子上拿起来，四副钹站在鼓的右侧，四副铙站在鼓的左侧，同时为钹手与铙手备有木凳；铛铛一边四把站在鼓的左侧，有时也分开站在两侧，镲铬一边四把站在鼓的右侧，有时也站在鼓前，茶炊子还在中间。不过，文场挑过之后自然地会把茶炊子排得比较紧，以便于武场的表演。

老会设摆行会示意图

　　白天行会时，前场出全约有100多人，浩浩荡荡，队伍分前场和乐队两部分，鱼贯而行，场面十分壮观。夜晚行会时大纛旗换为九莲灯，手旗换为手挑，同时要在会具中放置蜡烛并点燃，会员称其为"灯彩儿"。在行进过程中，高照在前，九莲灯在后，明亮的烛火照得整个行会队伍灯火通明，尽显堂皇气势。

　　行会时，由引锣带路，旁边是会里负责交际的人，斜肩挎着装有本会会帖的香袋，紧跟着的是两面门旗，上面有老会的名称"刘家园村祥音法鼓"，门旗后面依次是高照、小软对、大软对、小硬对、大硬对、灯牌、圆笼与八方盒子以及软、硬衣箱，软、硬茶筲，软、硬样筲，软、硬茶炊子，方凳与圆凳。二锣后便是乐队，前行时左侧一排是铙手，右侧一排是钹手，其后依次是鼓箱和鼓手，鼓箱左侧是铛铛手，右侧是镲铬手，再后是大纛旗或九莲灯。另外"气死风"灯也位于鼓箱之前。乐队两侧有若干手旗或手挑，负责照明、维护秩序。

河中行会表演曾经是刘家园祥音法鼓老会的一大特色。在过去，每逢过年过节，刘家园村会去北仓镇参加花会展演，要通过摆渡的方式将所有的会具经北运河运送至对岸。当时北运河两岸住满了人家，为了助兴，会员们会在行船的过程中演奏法鼓，颇受运河两岸民众的欢迎，一度形成了传统性的仪式活动。北仓民间艺人只生光先生至今还记得当时会员们敲奏法鼓的情景：

> 刘家园村逢年节假出会期间，所有的会具用船运至东岸，最后（运送的）是鼓乐，包括法鼓的鼓箱跟敲打的这些钹铙等。船开始行（敲的）是常行点儿，是平稳、祥和的意思；行至中心，敲打到最高潮，鼓谱中叫上擂。当时运河的水相当清，顺着河堤上下传到好几里地。那时候运河两岸的人都在看这表演，包括王先生（王振东），我们这些老人，每次必站在河边看这种仪式。在咱天津市，若干法鼓，很少有这个，因为其他法鼓都是在岸上（敲），这是独特的，音律相当快，又是在晚间，灯火通明，鼓乐齐鸣，别有一番风景。所以我对这方面记忆犹新。[1]

晚间的设摆与行会表演是老会的又一大特色。刘家园祥音法鼓老会会中绝大多数的会具，如高照、灯牌、手挑等均可以在其中放置蜡烛，在日落之后由专门负责此事的会员将其一一点上，并随时注意更换燃尽的蜡烛。在刘家园村尚未搬迁的时候，每年的除夕夜都要在村中进行设摆。据会员王振东口述：

> 三十那天在村头设摆，我们就把会具按照排序从西向东摆，摆到头。晚上五六点天黑了就把蜡烛点着了，会里面也有换蜡的，来回来去走，发现蜡短了就换蜡。谁从我们村里过都得扭头看，像一条龙一样。[2]

---

1. 采访对象：只生光；采访时间：2013年10月25日；采访人：史静、路浩。
2. 采访对象：王振东；采访时间：2013年10月25日；采访人：史静、路浩。

行会中的队伍

每当夜幕降临，会员点上蜡烛，伴着华丽的灯彩儿进行表演

晚上的行会更是一道靓丽的风景。点燃的蜡烛照亮了会具，也照亮了前行的路，整个队伍灯火通明，光芒一片。高照在队伍的最前方，九莲灯在队尾，行进中的队列宛如一条闪亮的巨龙，美不胜收。近年来在春节期间，北仓镇政府会在盛仓新苑举行花会展演，其中第一天为设摆，第二天举行东顶娘娘出巡散福仪式。设摆一般从下午两点前后开始，其他的花会在下午五点左右就会离开，只有刘家园祥音法鼓老会，还要在天黑的时候点上"灯彩儿"进行表演，供观众欣赏。

刘家园祥音法鼓老会在成立之初便参加了东顶娘娘出巡散福仪式，有会序可考，其后更成为老会主要的出会活动之一。会序是娘娘庙最后一位住持，人称张十四爷的张启征保留下来的，后来北仓民间艺人只生光的爷爷辗转得到了1921年出会的会序，被只生光保存下来并进行了复制。北仓东顶娘娘的出巡散福的日期是三天，正月十四、十五、十六。正月十四是各道会对当地各捐助人回谢；十五是在东顶娘娘前摆设，包括宝辇；十六是出巡，十六日上午，要在娘娘庙前摆设，老会的会具都要提前在那里摆设，下午二时开始公祭，先念公祭文，由镇里比较有名望的人主持。田文起老先生回忆了他历经的出会时的场景：

> 娘娘庙出巡呢，就是正月十四、十五、十六，正月十六那是最热闹的。那天早晨，在家里头吃完饭行会。我才八九岁，扛凳子，张国青张二爷给维持。到那儿设摆，完事儿晚上再行会，灯彩儿上去，算上小孩儿们得够120人吧，晚上得到一两点钟回来。[2]

东顶娘娘庙如今坐落于北辰区盛仓新苑社区的广场之中，近年间的庙会庆祝活动均由北仓镇政府操持，时间通常在正月十五之前的连续几天，如2014年即安排在了正月十二与正月十三两天，其中第一天为设摆表演，

1.采访对象：王振东；采访时间：2013年10月25日；采访人：史静、路浩。
2.采访对象：田文起；采访时间：2013年10月25日；采访人：史静、路浩。

下午二时左右老会到达广场进行设摆，并到庙前"拜庙"，敲一段法鼓，由会中的老人为东顶娘娘上香，随后便回到设摆场地，进行法鼓表演。第二天则为东顶娘娘出巡散福仪式，老会跟随娘娘大驾，入会道行会表演，而后回到广场继续进行设摆表演，直至晚上观众散去时才会收场。

除了东顶娘娘庙会外，老会在春节期间的出会活动也是多种多样的，如在2013年春节期间老会还来到了鼓楼前进行表演。

法鼓出会在正月里的时候多。正月初二、正月十五都是出会的日子，年前不出会，年后才出。年前区里通知有节目才出去，没节目就不出。[1]

过年期间演出成为了老会出会的主要形式

---

1. 采访对象：魏祥云；采访时间：2013年10月25日；采访人：史静、路浩。

每年年节时分，老会的联络就会异常忙碌，在小区内拜访住家，或按照提前商定的顺序去拜访商户，已经成了老会表演的惯例。每次行会，也总会有家庭、商家或其他单位放鞭炮"截会"，法鼓会都要坐敲为其表演一场，有时还会当场拿到一笔赞助。这已经成为一种习惯，深入到了会员以及当地民众的年文化之中。

"文革"之前，一到春节咱这个会就开始活动了。大年三十那天开始设摆，现在也叫布展。我们这个村不大，会具按照排序从西向东摆。天黑了开始掌蜡，发现蜡短了就换。玩儿会的，现在都叫会员了，吃完晚饭，把鼓搭出来，开始给军烈属拜年，那时候的场面相当和谐，相当热烈。到了军烈属家里，他们摆好桌子，摆好了茶，放点烟，会员先给军烈属拜年，打一通，然后去下一家。这样一直得到半夜，都拜完年了，大家回到会所，一起玩儿到天亮。初一、初二、初三去拜年，回来以后就开始行会、出会。[1]

刘家园祥音法鼓老会自入选"国家级非物质文化遗产"后更是名声在外，日益成为北辰区的一张文化名片。近年来，一些政府性活动与学术性活动也常常邀请老会进行表演。2009年，冯骥才先生观看了老会的表演，对之赞不绝口，并当即手书一张字条，作为捐款五万元的凭证，老会用这笔钱复制了做工精良的贴金鼓箱，丰富了老会的会具。2013年9月，冯骥才文学艺术研究院举办"当代社会中的传统生活"国际学术研讨会与皇会文化展览，老会也应邀前往该院进行表演，得到了中、日、韩、英、美等各国学者的一致称赞。

---

1. 采访对象：王振东；采访时间：2013年10月25日；采访人：史静、路浩。

三、会规

祥音法鼓会的会规是老会对全体会员的一些要求，有挂在墙上的成文"会规"，也有流传下来不成文的规矩，都是为了办好老会，加强老会的组织性、纪律性，提高会员的基本素质。祥音法鼓会提倡礼貌待人，文明办会，会员将不懂礼貌、没有规矩的花会称作"土会"，颇为不屑。

1. 入会

老规矩是传本村不传外村，传男不传女。但现在老会员越来越少，青年人入会的十分有限，所以老会在规矩上做了大胆突破：女孩可以练习敲镲铪；中青年妇女可以在人手紧缺的情况下担任前场执事；青少年学习钹铙的予以适当补助；入会要填写"会员登记表"。

2. 爱会

要求会员热爱老会，不说不做损害老会荣誉的话和事。懂礼貌、守规矩，不吃不拿兄弟花会的东西。爱护会具，不仅要保证自己使用会具的完好，还要自觉地维护好其他会具。不是自己使用的会具，不能乱摸、乱敲，尤其是鼓。鼓在五种乐器中独具神圣性，尤其不能妄动。会里有句老话，"不懂规矩，乱操旗杆"，就是用来批评不懂规矩乱做事的会员的。

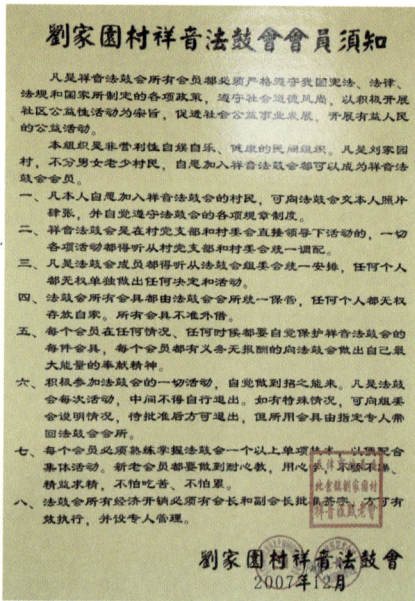

贴于会所之中的《刘家园祥音法鼓会会员须知》

3. 学会

入会的青少年可以根据自己的

喜好选择学习哪种乐器，但必须遵守会规，尊敬会头和老会员（教练）并服从他们的指教，但会中并不存在严格的师徒关系，也不行拜师礼。新会员要先学好五套曲谱，要求先会背，再背熟，把曲谱"刻印"在脑子里。要在场下随着场上的节奏拍手或拍腿练习，会里演练时可以上场，正式出会，要经过会头允许方可上场表演，但必须排在队尾。初上场的新会员要暗着点儿演奏，意思是要小声，免得出错引起不必要的麻烦，要紧跟老会员的节奏。对精神不集中敲错一声"腥了一锅"的，会头和老会员都会对其进行批评指正，耐心帮助。

4. 拜庙

每逢出会，法鼓会都要先拜"五仙庙"（俗称小庙）。拜庙时，行会的队伍要"坐敲"，先去庙里上香、祭拜，而后演奏一套"首品"或"紧中品"，再行会演出。外出

拜庙

表演时，行进路途中遇到庙宇、寺院，也要上香或撂上一场，即就地进行表演。这些都寄托着创会者们朴素的宗教信仰观念，寄托着老一辈会众对该会能够平安、顺利的美好祈愿。

5. 哨鼓

是鼓手在会头的授意下连续敲击的一通鼓声，它是老会集合或准备出会的命令。全体会员听到哨鼓必须马上赶到，不得延误，更不可无故不到。第二遍哨鼓响过依旧没有到的会员，会头予以严厉的批评。集合后，会员要立即站到自己的位置上去，不能随意走动，握好敲楗，举起镲镲，捧钹，抱铙，亮好镲铬，全神贯注，等待表演。

四、会与会的交往

1. 请会

请会就是邀请与本花会交好的兄弟花会来本村为村民演出。请会时，由会头等人带着村里的介绍信和本会会帖或请柬，去兄弟花会礼貌地约定请会的地点和时间等，并承诺付给兄弟花会补贴费，对方回帖，就算约定成功。兄弟花会会在约定好的时间到达村口后，派人通报会头，由其带着会帖和手持本会手旗的会众前去迎会，在双方交换会帖并相互问候过后，燃放一挂鞭炮，把兄弟花会一干人等带领至本村会所，用备好的点心、水果、香烟、茶水等招待他们。两会会头要一同拜庙上香，以此象征两会的友谊源远流长。拜庙后，本会会头要为兄弟花会作向导，开道、圈场子，为兄弟花会的演出维持秩序。对兄弟花会的精彩演出，会头要带头给予热烈的掌声，以示尊重和佩服对方技艺。演出结束后，进行酬谢。

2. 换帖

本会与兄弟花会相遇或聚会时也要换帖。换帖表示尊重对方，并愿意与对方保持友好联系和长期交往。换帖时，由本会背香袋的会头或老会员主动找到对方花会与同司此职的会头或会众，郑重地用双手呈上本会会帖，待对方接过之后，抱拳作揖行礼，礼貌地问候对方，向对方花会表示美好的祝愿。参加比赛或接受对方邀请前去演出时，也要向主办方、邀请方呈上本会会帖，表示报到和对对方的尊重。

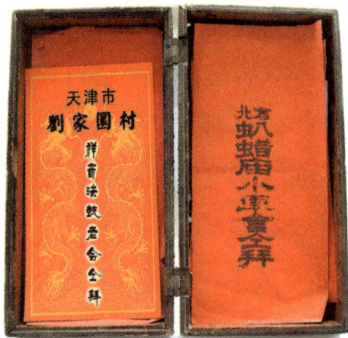

老会会帖与他会会帖一起放在帖盒中

与北仓少练老会交换会帖

3.截会

行会时，有家庭、单位、在门口摆上茶水、烟、点心、水果并燃放鞭炮时，表示想拦下该道会为其撂地表演一场，称为"截会"。法鼓会一般都会"坐鼓"撂一场，演奏内容由会头们商议而定。演出前后，钹、铙演员都要把乐器双手举过头顶，表示尊敬。背香袋的会众收到截会者付给的赞助费时，要大声爆出赞助费的具体金额，并对赞助者表示感谢。现在会里还会与"截会"者合影留念，并将其赞助的具体情况记录在档案内，保留在会所中。

4.遇会

与兄弟花会在途中相遇时，要停止"常行点"，并礼让对方先行，钹、铙表演者要将乐器双手举过头顶，以示问候与敬意，待兄弟花会过去后，方可继续行会，重新敲起"常行点"。如果遇会时有一方没有做出上述表示，会被对方视为挑衅，往往会结下梁子，在此后的行会和表演过程中，会被对方故意为难，而这种情况经常演变为暴力事件。只有当地有声望的"惹惹"或能服众的缙绅出面调停，才能化解。

5.拜会

行会时，遇到兄弟花会会所门的上方插有该会手旗儿的情况，祥音法鼓会的会众都要停下来，由会头手持本会会帖去兄弟花会换帖，表示对兄弟花会的尊重，此时兄弟花会如果发出演出邀请，本会不得拒绝。

五、会与民商的关系

　　会头在会的组织中要承担相应的责任。要态度好、脾气好，爱护会里的东西，还要不辞辛劳，不计代价。这种要求是由两种因素决定的：一是会里的会具传承，要求会头承担起相应的保护责任，二是会里的会员都不拿工资，过去东西坏了，玩会的受累的人去买，大伙添钱。在这种局面下，会头必需具备相当的人格魅力才能服众。

　　过去出会前，祥音法鼓会员先到村上的大户人家去，拜访、送帖、表演，被拜者都要为会上捐赠一些钱。会里置办大宗的器具时就出去"化缘"，找那些在天津、上海、北京做买卖的本村人，请他们给予帮助。

　　据老会会员讲述，每年除夕夜，所有老会的会员，甚至于所有喜爱法鼓的村民都可以到会所去饮茶聊天。对于刘园村的村民来说，过年可以不看"春晚"，但却不能不听法鼓的声响，只有听到法鼓的声音，心中才能踏实，这个年才能过得舒心、踏实。

　　　　我们这个法鼓到嘛程度了呢？你社会多发达，家里经济条件多好，过春节了，听不见鼓响等于没过年，"春晚"没有我们这个鼓重要。[1]

　　每年春节期间，老会会员还会背着香袋为社区村民送去新春祝福，村民也乐于招待，礼尚往来的情况屡见不鲜。刘园新苑社区周边开了不少的商铺，这些商铺每每有开业或重大的活动时均会邀请老会进行表演，并捐助一部分善款，这些善款也成为了老会主要的资金来源之一。年后初六的时候，老会会组织会众沿着小区走一圈，到之前商定好同意赞助的商家那里去。会里的人提前安排好，从哪儿走到哪儿，由引锣带领，按照次序，到一个商家，赞助交给会头，老会就敲一场法鼓，会员沈鸿林会给商家写字表示感谢。年文化是中国传统文化中最为重要的组成部分，刘家园祥音

1.采访对象：王振东；采访时间：2013年9月4日；采访人：王小明。

法鼓已经成功融入到当地的年文化之中。也因为如此，整个刘园新苑社区，上至村委会的领导，下到普通村民，甚至于社区周边的商铺均投身于法鼓会的正常运作之中。刘家园祥音法鼓老会作为村中最为重要的民间花会，已经融入到村民的生活之中。

会员在过年期间给周边商铺拜年

第三章

程式与技艺

天津法鼓在几百年的流传发展过程中，逐渐形成三大类别，即文法鼓、武法鼓与音乐法鼓。文法鼓以其动听的音色以及较快的节奏韵律为特点，在设摆演奏的时候以坐敲为主，表演动作较少。武法鼓在演奏音乐的同时又增加了表演动作，其中许多动作更是由中国传统的武术动作演化而来，气韵十足，与文法鼓较为温和、安静的风格大相径庭，在演奏的时候一般按原谱演奏，只在上擂的时候才加快速度，将整个表演推向高潮。音乐法鼓则指将法鼓的曲牌与民间吹歌或是戏曲结合在一起的一种表演形式，在鼓、铙、钹、铛铛、镲铬的基础上又增添了笙、管、笛、箫等乐器。

刘家园祥音法鼓为武法鼓的一种，既重视音乐的演奏，同时也十分强调表演过程中各个动作的艺术表现力。

一、鼓谱与曲谱

刘家园祥音法鼓的曲目包括两部分，其中一部分为鼓谱，另一部分为曲谱，或者称之为歌谱、乐谱。在表演的时候，鼓谱是最基本的，几乎任何一种演奏方式都会敲奏全部或是部分鼓谱，而鼓谱与不同曲谱之间的组合形成了曲套。

天津法鼓的各道老会之中，流传着鼓谱的并不多见。刘家园祥音法鼓老会的鼓谱过去全凭鼓手记忆，口传身授代代相传，不少老一辈的艺人都可以说出各段鼓谱的名称，各代鼓手也都能凭着记忆从容地敲奏整套鼓谱。但随着老一辈鼓手的离世，会员们近年来着手进行鼓谱的整理工作时遇到了不少困难，如每一段鼓谱的开头与结尾很难界定。经过会中鼓手与老会员的反复敲奏与研究，终于将鼓谱整理了出来。

鼓谱，也就是首品的曲谱，共分为十个小节，按照演奏的顺序分别为《垛子钹》《反鼓》《紧扣》《搓鼓》《六角钹》《前三垛》《后三刹》《刹轮子》《叫三点》与《刹鼓》。其中，《垛子钹》起到开场的作用；《刹轮子》这段鼓点则要求鼓手在既定节奏下即兴发挥，打击密集的鼓点，在高潮时突然收住鼓点，再打击出有节奏的点来。这一段鼓点主要是为了衬托铛铛的表演，一般打三至七番。此外，在行会的时候也要敲奏一段鼓点，称之为"常行点"，其节奏为"○.○×○○×"，其中"○"为铙音，"×"

刘家园祥音法鼓老会的首品鼓谱，由会员张振贵整理为钹音，念作"仄 仄恰仄仄恰"。常行点较为平稳，设摆表演中的各种套路，包括茶炊子表演都是以常行点为基础的。

鼓谱中的"睹棱"代表着"嘟噜"的意思，即双点，而"咚"代表单点，鼓谱中写作"冬"。鼓的击奏分单点与双点。单点敲起来较为单一，声音较为清脆但是缺少情绪的表达，而双点——刘家园祥音法鼓老会的会员们称之为"加嘟噜"——也就是在原有的单点的基础上加点，使得整个演奏听起来更为圆润，感情的表达也更为充沛。通常会员在学习敲鼓的时候，先学习单点，等到熟练了之后再进行双点的练习。而在表演的过程中对于"加嘟噜"也是有一定限制的，要在不影响整体表演节奏的大前提下加，不能为了花哨随意加点，扰乱了音乐原来的节奏。

在过去也有几位鼓手在敲奏的时候只敲单点，如丰振贵丰二爷、魏彭祥魏五爷，现在的几位鼓手，包括王子才、刘玉新以及王旭等人所学习的打法均为双点的打法，这套打法是由丰振富丰五爷传下来的，在演奏的时候更为悦耳动听，充满了音乐的美感与韵味，得到了会员们的广泛认可。

刘家园祥音法鼓老会曾经有十套曲谱，但如今只流传下来其中的五套，曲名分别为：《叫门》《对联》《绣球》《拨动子》以及《凤凰单展翅》。据会员田文起讲述：

> 现在谱子有（的老会）保持十套，有保持五套、七套的，我们会里保持了五套。为嘛我们是五套呢？因为打个二品，歌一套鼓，"五、二、三、一"这个别的会都有，都是五套谱子。

而实际上，1980年刘家园祥音法鼓老会复会之初，仅仅有《叫门》《对联》《绣球》这三套曲谱，同时这也是老会曲套表演中"慢中品"所敲奏的三套曲谱。另外的五套曲谱的名称为《双桥》《瘸腿儿》《龙须》《富贵图》《老河西》，因为种种原因已经丢失，无法再进行演奏。其中，《叫门》《绣球》《拨动子》《凤凰单展翅》均为钹先开，只有《对联》为铙先开。

天津法鼓分布比较广泛，在其流传的几百年间，曲谱都是艺人们口传身授，所以并没有一个相对固定的记谱标准。一般来讲，曲谱之中的拍节、乐节与乐句的标记与工尺谱的记法大体上相同，但在细节之处还是有不小的差异。刘家园祥音法鼓的记谱符号大致有以下几种：

"×"：念作"qià"，刘家园祥音法鼓老会在传承的过程中并没有将其汉字化，在本书中按照通常在法鼓曲谱中的写法，写作"恰"，代表的是钹的节奏；

"○"：在法鼓曲谱中一般念作"zè"，但刘家园祥音法鼓老会将其念作"zhě"，在传承的过程中也没有将其汉字化，在本书中按照通常在法鼓曲谱中的写法，写作"仄"，代表的是铙的节奏；

"."：该符号在曲谱中大量出现，一般跟在"×"或是"○"的后面，表示停顿。会员们在阅读与背诵曲谱的时候也要将停顿读出来，便于在实际敲鼓的时候控制节奏。

"‖"：双竖线符号在曲谱中一般两个为一组，成对出现。双竖线的作用是告知鼓手，在打第二番的时候，只敲奏两个双竖线中间部分的曲谱。如在《拨动子》这套曲谱中，打第二番即从第一个出现的双竖线后"○○○."开始，至结尾处第二个双竖线止。在过去的曲谱中，以"‖:"、":‖"两个符号对曲谱进行界定，如今已经做了更改。

"—"：该符号一般出现在×、○符号的中间，代表着拉长音节的含义，也就是说，此处的铙或钹的音比单独敲奏的时候要长一些，念作"yī"，如《对联》中的"××—××"念作"恰恰—恰恰"。

"＿"、"＝"、"＿"：下划线在曲谱之中有三种出现方式，其中单下划线有两种，双下划线有一种。依据刘家园祥音法鼓老会会所中展示的曲谱，黑色的单下划线出现在三套曲谱中，并且均为钹音"×"下方的下划线，《绣球》与《拨动子》中的下滑线表意为"该段在下划线处舞动双铙抖"，《对联》中的下划线表意为"该段在下划线处舞动纺车子"。双下划线与红色的单下划线出现在另外两套曲谱中，双下划线的表意为"该段在双下划线处舞动双铙抖"，而红色的单下划线一般出现在铙音"○"下方，表意为"该段有下划线处为带铙音"，即该音节既有铙的音，也要有铙的音，铙、铙同时敲击。"带铙音"符号在过去的曲谱中并不存在，是在曲谱更改的过程中，为了方便新入会的会员学习而加入的一个符号。

刘家园祥音法鼓老会新制的歌谱，贴于会所墙上，供会员练习使用

鼓谱与曲谱之间的不同组合模式形成了曲套，也称为"演奏的套路"，刘家园祥音法鼓老会的曲套共有五种：

仅仅演奏鼓谱的曲套称为"首品"，老会的会员也将其写作"手品"，同时也称之为"小家伙儿上播"，演奏时间最短。

既演奏鼓谱，同时还要演奏一套曲谱的曲套称为"紧中品"，五套曲谱演奏哪一种并没有硬性要求。

　　既演奏鼓谱，同时还要演奏三套曲谱的曲套称为"慢中品"，俗称"老三套"。一般来说，这三套曲谱为《叫门》《对联》《绣球》，"文化大革命"之前，出会的时候一出场就敲"老三套"。

　　既演奏鼓谱，同时要将五套曲谱依次演奏一遍的曲套称为"一品"，演奏时间较长。

　　既演奏鼓谱，同时将五套曲谱依次演奏一遍，鼓、铙、钹、铛铛、镲铬五种乐器还要有分有合，这样的曲套称为"歌一"或是"二品"，老一辈的艺人也称其为"歌一套鼓"，也就是全套的意思。在表演中，五种乐器按照鼓、钹、铙、镲铬、铛铛的顺序轮流领奏，领奏的点数是"五、二、三、一"。所谓"五、二、三、一"指的是，领奏敲打"××ㄨ—××"，合奏敲打"××ㄨ—××"；领奏敲打"××"，

刘家园祥音法鼓老会前奏与连接段鼓谱，由会员张振贵整理

合奏敲打"××"；领奏敲打"×××"，合奏敲打"×××"；领奏敲打"×"，合奏敲打"×"，然后再接上曲谱。该套演奏时间最长，全部演奏完毕需要45分钟左右的时间，钹、铙有间歇坐姿。无论哪套曲谱都有反复的部分，但"开始曲"、"间奏曲"、"结束曲"的演奏套路没有变化。

演奏首品的时候，须严格按照鼓谱上的顺序进行。《垛子钹》作为开始，在第七个音节"×"位置开始做"单钹闪"动作，后接《反鼓》，这段鼓点以"○ ○× ○○×"的节奏不断重复。鼓谱中"……"符号为反复敲的意思，但通常只敲三至四遍。而后接《紧扣》，开始上播。

演奏"紧中品"、"慢中品"以及"一品"的时候，以《前奏（一）》作为开始，相比于鼓谱中的《垛子钹》与《反鼓》多了一段鼓点，此为"咬套子"之前的告知鼓点，通知头钹与头铙注意开点，同时在此处还有"双钹抖"动作。然后开始演奏相应的曲谱，在敲完一套曲谱之后，曲谱与曲谱之间的连接段为《连接段（二）》，而后再进行曲谱的敲奏，敲完所有既定的曲谱之后接《紧扣》，开始上播。

演奏"歌一套鼓"的时候，同样以《前奏（一）》作为开始，但曲谱与曲谱之间的连接段发生了变化，在《连接段（二）》敲完后还要再敲《连接段（一）》，敲完所有既定的曲谱之后接《紧扣》，开始上播。在敲奏曲谱的时候，不同的曲谱也对应着不同的动作，特别是《叫门》这套曲谱，在打第一番的时候表演"双钹抖"，而在打第二番的时候改为"砍叫门"动作。

从《紧扣》直至《刹鼓》为"上播"的鼓点，速度越来越快，声响越来越强。据会长刘玉新介绍，"上播"的名称现在大家叫熟了，过去并不这么讲，刘家园祥音法鼓老会将其称为"紧扣"，与《紧扣》这段鼓点的名称相呼应，取紧凑节奏、加快速度之意。其中在《六角钹》中包含扯旗儿动作；《前三垛》与《后三垛》中包含卷帘动作与十字披红动作；《叫三点》这段鼓点中包含有叠金钱与龙腾虎跃两个动作。另外，钹在动作上也有着不同的表演方式。若《六角钹》这段鼓点中不表演扯旗儿动作，则需要在鼓点的最后表演单钹闪，同时《前三垛》与《后三垛》也不再表演既定动作，改为在《后三垛》中表演单钹闪动作。

二、角色

刘家园祥音法鼓老会的表演角色主要有8种，包括引锣、二锣、鼓、铙、钹、铛铛、镲铬的敲击者与茶炊子的表演者。所有角色都身穿定制的演出服，均不化妆。冬季的服装为暗色系的仿清服饰；夏季的服装为麻质浅蓝色练功服。

1. 引锣、二锣

引锣与二锣既是一种响器，同时也是对于两位会员的称呼方式。他们在老会行会中出现，队伍最前面的是引锣，也称之为"头锣"，文场、武场两部分之间的是二锣，也称之为"腰锣"。引锣与二锣相互呼应，起到了指挥队伍行进的作用。锣的敲击要与鼓的常行点相配合，敲一下表示行进，敲两下表示停止，此时举着会具的会员要将会具撂下，据会员介绍，有一种类似于吹口哨的效果。值得一提的是，引锣与二锣一般都有着家族传承性，如今的引锣为王桂春（61岁），二锣为王文贵（57岁）。

敲击锣也是有讲究的。一般来说引锣左手执锣，右手持锣槌子，击锣时，左臂向前伸，呈半曲状，并抬锣至与眼部同高的位置，右手握住锣槌子的末端，完成一次敲击。

引锣

2. 鼓手

法鼓自然要以鼓为首。鼓手是会里的核心，无论是设摆演奏还是行会演奏，鼓都是居中的，其他乐器都围绕在鼓的周围。演奏时，鼓手居高临下，统领全局，舞动一对轻巧的鼓楗子，通过变化多端的打鼓技艺与神来之笔的即兴发挥，把每一支曲谱都演奏得出神入化，展现美妙绝伦的音韵，使观众陶醉其中。因为敲鼓较为损耗体力与精力，一般小型活动需要一两名鼓手，重大活动或是比赛需要三四名鼓手，以备替换。

鼓的击打方法，按照手握鼓楗子的方式可分成两种：一种为老一辈艺人魏彭祥所采用，仅仅用大拇指与食指捏住鼓楗子，依靠手腕的力量敲击大鼓，这种打法也被会员们认为是在"弹鼓"而不是"敲鼓"；绝大多数的鼓手采用另外一种击打方法，手掌与手指攥实鼓楗子，敲击的时候整个胳膊都在用力，十分耗费体力。而按照鼓楗子的使用方式来讲也可分成两种：一种为单手敲鼓，通常仅在"哨鼓"这段鼓点中使用；另一种则为较为常见的双手敲鼓，在敲奏各套曲谱与鼓谱时鼓手均需要双手敲奏。

通常来讲，老会中的鼓手均由会长、副会长或是有威望、技艺精的老会员担任，绝大多数的鼓手还会演奏其他四种乐器，具有较强的指挥能力，深受会员信任。如今的鼓手有四位，均为男性，分别为刘

"津门鼓王"王子才

被广泛采用的鼓槌子的握法

玉新（43岁）、王旭（29岁）、张振贵（71岁）、王子才（59岁）。值得一提的是，2014年6月10日，北辰区文化遗产日"与非遗亲密接触"主题活动中，刘家园祥音法鼓受邀进行表演，担任鼓手的为6岁的刘向龙。在击鼓的过程中，既是鼓手，又是父亲的会长刘玉新一直站在他的身旁，不时提点几句，而刘向龙也是迄今为止老会中登场表演的最为年轻的鼓手。

3. 铙、钹

铙与钹既是打击乐器，同时也是表演的道具。刘家园祥音法鼓将民间舞蹈与民间音乐相结合，舞蹈建立在音乐的基础上，音乐要通过舞蹈去表现，从而给观者带去的不仅是听觉的感受，还有视觉的享受。同时，这些舞蹈动作又来源于中国传统民间武术，精美别致，欢快热烈，反映的是维系中国数千年的农耕文明，动作古老而别具一格，引人入胜。

在表演钹之前，要将一部分钹缨子缠绕于手上，使其更好地固定，避免在舞动中甩出，称之为"网钹"或"缠钹"。首

铙手的中指要穿进铙带子

先在钹缨子上选取适当的位置，食指与中指并齐，绕钹缨子一圈，而后将缨子反复缠绕于手掌数圈，直至手掌可以完全握住钹。钹中间隆起的部分，会员称之为"钹瓮子"，钹手要将中指套在钹瓮子上面的带子（钹带子）上，过去为了防滑还会准备松香，放在袋子中，称之为"松香袋"。钹的表演动作完成后，一般都要将双钹置于腹前重叠平端，钹面向上。

钹是舞蹈表演中的主角，有着最多的舞蹈动作，包括"单钹闪"、"双钹抖"、"左右扯旗"、"纺车子"、"卷帘"等。尤其是在上擂时，钹舞得前仰后合、左右翻飞、金光灿灿，抖得钹缨子凌空飞舞，尽情飘扬，许多精美的姿势和动作都蕴含着武术的气韵。

缠钹

铙的舞蹈动作较少，但要做到动作准确、整齐划一还是有一定难度的，需要演员反复练习。舞铙者表演"跨虎捞月"、"缠铙"等动作，让铙在手中上下飞动，在头上连环缠绕，扣人心弦，也十分精彩。

　　会中现有专职敲钹的11位，既可以敲钹又掌握其他乐器的有2位；专职敲铙的有12位，既可以敲铙又掌握其他乐器的有1位。

　　4. 铛铛、镲铬

　　铛铛和镲铬在一般的曲谱中按照既定节拍敲打，但在演奏上擂的时候，会加快演奏节奏，起到烘托气氛的作用。铛铛的演员手握竹楗子，依靠手腕的力量不断敲击铛铛，快节奏地连续击打，节拍严谨，与鼓同步，声音悦耳悠扬，音色细滑明亮。铛铛的表演者需要较为丰富的表演经验，要懂得鼓谱的拍节和速度的变化，对曲谱更是要烂熟于心，所以通常年纪较大，会中敲铛铛的年纪最小的王中元也已经62岁，最大的魏祥云已经90岁。

　　刘家园祥音法鼓老会中，敲镲铬的是一群刚入会的孩子，男女皆有。过去学法鼓都要从镲铬学起，因为镲铬的节奏较为简单，主要起到补充拍节，填补钹、铙音节空隙的作用，练习较为容易。通过一段时间

铛铛的表演者都是有丰富表演经验的老人

镲铬的表演者一般为刚刚入会的少年儿童

的学习，孩子们能将小镲铬演奏得快慢得当，节拍准确，在漂亮的仿清会服和缨绸飘动的映衬下，更显得表演风格乖巧和童真可爱，成为了老会的亮点之一。

　　会中敲镲铬的几位小朋友为刘向龙（6岁）、张胜卓（10岁）、丰硕（9岁）、刘建红（10岁）、邢欣（10岁）、王诗佳（10岁），会里专门为小会员定制了份量较轻的钹、铙，并鼓励他们学习。目前这几位小朋友已经开始学习钹、铙的敲法，刘向龙小朋友更是开始练习敲鼓，并在2014年6月10日北辰区文化遗产日"与非遗亲密接触"主题活动中与老会员们一起进行了表演，广受赞誉。

　　5. 茶炊子

　　刘家园祥音法鼓的茶炊子表演属于文场表演，历来都是演出中的一个亮点。演员肩挑茶炊子，昂首挺胸，脚迈"艺术步"，一手叉腰，另一

挑茶炊子表演

手下垂，前后摇摆着甩子，一百来斤的担子压在肩上，在行进中既能保持担子的平稳，还可以精彩地展现出稳健的脚步、颤动的扁担、起伏的茶炊、摇摆的臂膀、活泼的神情。过去，在茶炊子表演中还有个绝活儿叫作"跑落"——演员手不扶扁担，三百六十度转身，把担子从右肩倒到左肩，或由左肩倒到右肩，常常能够博得观众的喝彩。可惜的是随着老艺人的故去，这项技艺现已失传。

会中茶炊子的表演者共有6人，分别为李广兰（76岁）、田文财（74岁）、王文成（60岁）、田永顺（52岁）、王志春（56岁）、沈建明（52岁）。

三、表演程式与动作

在刘家园祥音法鼓老会乐队，鼓一般设置在正中的位置。在行会时，鼓的右前方为钹，左前方为铙，钹、铙之间保持一定的距离平行前进。设摆演奏时，钹在鼓的右前方，铙在鼓的左前方，钹手以两臂多的距离与铙手平行或是呈"八"字排开。铙手人数与钹手通常相同，少则4至6人，多则8至10人，其中距离鼓最近的铙手与钹手被称为"头铙"与"头钹"。过去还有一种"打横头"的站法：钹、铙的表演者共有13位，称为"十三太保"，其中6位铙手、7位钹手，钹手与铙手面对面站立，而多出来的钹手则站在与鼓相对的位置。如今在钹手多一位的时候也会采用这种站法。铛铛的演奏位置一直在鼓的左侧，少则4至6人，多则6至8人，人少的时候站成一排，多的时候分成两排。镲铬的演奏位置在鼓的右侧或是鼓箱前，站成一排，少则4至6人，多则6至8人。

演奏前，钹手要保持左手钹托右手钹的姿态，将钹捧在腹前，称之为"抱钹"或是"捧钹"。铙在演奏前也要保持左手铙托右手铙的姿态，将其捧在腹前，称之为"抱铙"。镲铬的表演者要将两只镲铬凹部向上，左手镲铬托右手镲铬于腰部以上，称为"亮好镲铬"。

法鼓的表演，开始时鼓手以单手握住鼓槌子，连续敲出"咚、咚、咚、咚咚咚咚……"的声响，鼓点由慢至快，越来越急。这段鼓点称为"哨鼓"，起到召集会员进行表演的作用，同时也告知观众，演出即将开始。至于使用左手还是右手则依据个人习惯略有不同。表演者听到哨鼓的声响后要迅速回归本位，拿起乐器，双脚八字站立，身体正对前方，目不斜视，面部表情安详肃穆。接着，头钹要敲打四下"×.×.×.×"，称为"开家伙点"，也叫"起鼓点"，这是表演的规矩，随后其他会员开始正式的表演。无论表演任何曲套，"上擂"都

抱钹

是整个表演过程中最为精彩的部分，鼓点急促而有力，钹、铙的各个动作接连出现，《刹鼓》这段鼓点为表演的终结，敲奏完最后一个音节后，所有的响器戛然而止，表演就此结束。

在表演的过程中，头钹与头铙要与鼓手密切配合。鼓是整个表演的总指挥，决定什么时候开始表演，表演多长时间，什么时候改点，什么时候上擂，等等，而头钹与头铙则负责曲牌的变化与节奏的快慢。"头钹"与"头铙"在队前第一位，一般都由技艺精湛的老会员担任，曲谱若以钹开，头钹要有意识地伸出两臂，抖起钹缨子，若是以铙开，头铙也要有意识地伸出双臂，告知其他表演者下面要演奏的曲谱。

立姿演奏的时候，钹的表演者两腿岔开，两脚与肩同宽，只有在表演"歌一"的时候有间歇坐姿。铙在演奏时，一般是以右手铙击打左手铙，只有在三连铙音的时候才会相互击打，若在演出中有较长停顿，则需要恢复到"抱铙"的姿态。铛铛在正常演奏的时候速度较为平稳，而在"上擂"的时候则明显加快节奏，槌子频繁敲击锣面。镲铬在正常演奏的时候，右手持镲铬抬至胸前，再向下击打左手的镲铬，而后右手再抬起至胸前，再落回腰部以上的位置，循环往复；到了上擂的时候，仅剩下正常演奏时的前一半动作，右手每一次抬起镲铬都要与左手的镲铬相击。

法鼓的动作主要集中在钹与铙上，在整个演奏中，每一个阶段都有不同的表演动作。

铙的动作较少，仅有"跨虎捞月"与"缠铙"两个，从《前三垛》开始，中间结合"仄经仄"的节奏进行表演，因为"缠铙"动作需要表演者不断蹲下、起立，共做四次，称为"四起四落"。

跨虎捞月：表演者双脚迈开与肩同宽，双手持铙于胸前，左手在上，右手在下，两铙相对，相隔一定距离。而后双铙保持固定的距离，表演者双腿逐渐下蹲，双铙不断互换位置，成"抱球"状，继而右手铙从下而上，从左臂内掏出，最后表演者恢复到直立状态，左手持铙置于左腰处，右手将铙划至右肩处。

缠铙：表演者下蹲、低头，左铙在上，右铙在下，双铙相叠，沿顺时针方向绕头部两圈半，而后表演者起身，打一个"玻璃花"，右铙在

跨虎捞月

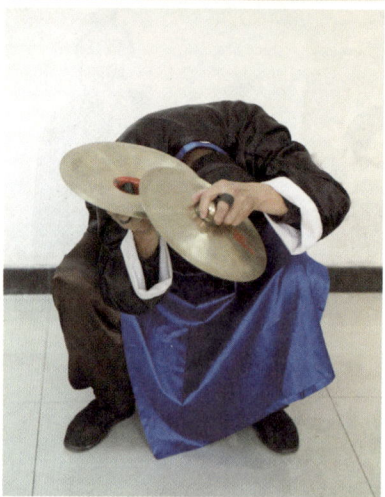

缠铙

上，左铙在下，双铙张开一定角度，然后手腕转动，双铙再互换位置，左铙在上，右铙在下。而后再蹲下做上述动作。

相比较于铙，钹则有着较多的动作，在鼓谱的各个分段以及5套曲谱中均有涉及。

单钹闪：表演者屈膝站立，双脚迈开与肩同宽，左手持钹置于左腰处，右臂自后向前绕头一周，右手钹划至左肩处，左钹迎向相击，而后左钹划至左肩处，右钹划至右腰处，双钹再迅速于腹前相击，左钹再回到左腰处，右臂伸直，钹面向外，而后快速收回，最后将双钹置于腹前重叠平端，钹面向上。

双钹抖：表演者屈膝站立，双脚迈开与肩同宽，双手持钹，曲臂抬起至额头位置，钹沿互相接触。双臂从身前两侧抬起至头顶位置，钹沿再次于头顶互相接触，钹面向上。双钹按原路线返回，随后迅速向前平伸，双臂伸直时转动手腕，手背相碰，右钹面向右，左钹面向左，而后快速收回，最后将双钹置于腹前重叠平端，钹面向上。

扯旗儿：表演者屈膝站立，双脚迈

开与肩同宽，左手持钹置于左腰处，右臂自后向前绕头一周，右钹划至左肩处，左钹迎向相击，而后右钹向右侧平推出去，左钹划至右耳处，钹面朝向右侧，而后双钹在身前相击，左钹向左平推出去，右钹划至左耳处，钹面朝向左侧。

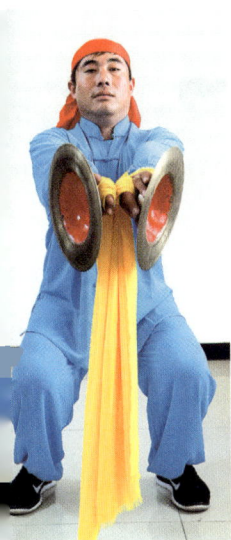

双钹抖

单钹闪

扯旗儿

卷帘：表演者屈膝站立，同时身体向后仰，双臂展开，在身体前方反复摆动，双钹在相遇时相击，手腕要将钹翻起，每一次相击后向头部方向摆动的手臂要将手中的钹摆至脑后位置。

十字披红：表演者处于直立状态，双臂扬起，然后从身体两侧向下划动，同时身体下蹲，双臂交叉，右臂在上，左臂在下，最后将双钹置于腹前重叠平端，钹面向上。

叠金钱：表演者屈膝站立，同时身体向后仰，双臂在身前摆动，双钹从两侧抬起至头上方相击两次，而后双钹从胸前经头上方向身体两侧张开，双臂伸直，双钹再划至头上方相击一次，完成一次动作。

龙腾虎跃：叠金钱完成后的连接动作。会员们原来并不清楚该动作的具体名称，这里是根据《中国民族民间舞蹈集成·天津卷》中对丰振富先生的采访命名的。表演者屈膝站立，同时身体向后仰，腰部转至身前左侧，左臂在上，右臂在下，而后腰部转向右侧，右臂在上，左臂在下，双钹从两侧抬起至头上方相击，最后以"卷帘"动作结束。

砍叫门：表演者屈膝站立，双脚迈开与肩同宽，双钹在胸前相击后，左钹迅速经右肩向头后绕至左肩前，右钹划至右腰旁，而后双钹在胸前相击，右钹迅速经左肩向后绕至右肩前，左钹划至左腰旁。

纺车子：表演者屈膝站立，双脚迈开与肩同宽，双钹钹面向后，分别从身体两侧的后方，经头上方向身前划圆，模仿旧时纺车的样子。

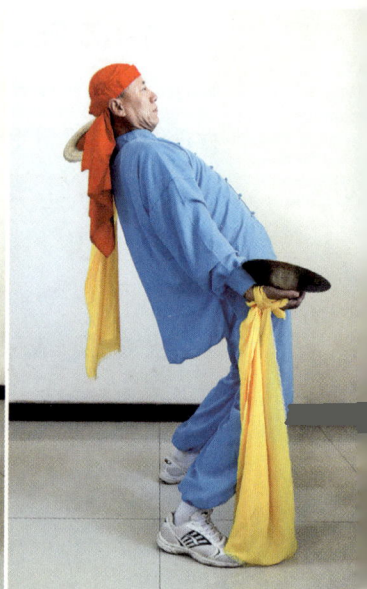

卷帘

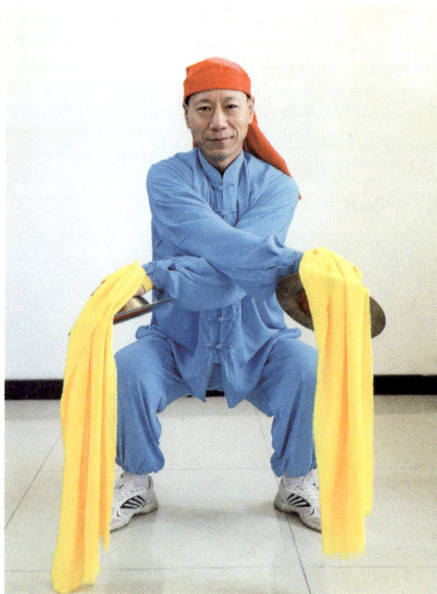

十字披红

叠金钱

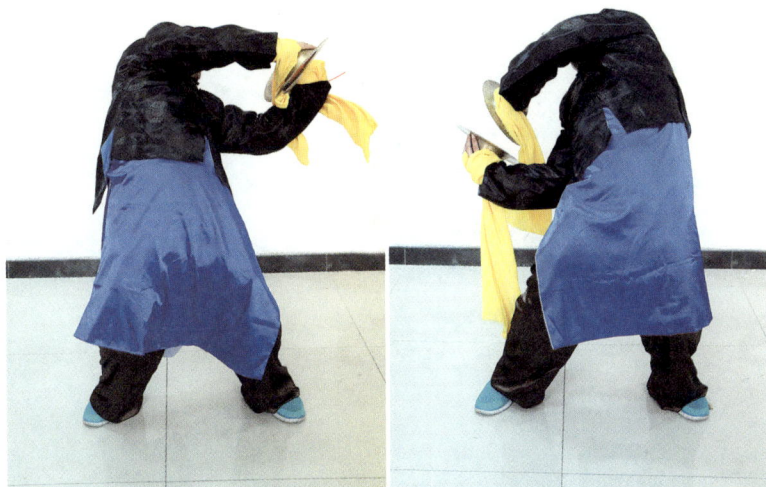

龙腾虎跃

砍叫门

纺车子

四、绝活儿和艺术特色

法鼓是天津独有的一种鼓乐表演形式，也是天津地区民间花会中较大的一个会种，有着四五百年的历史。清代乾隆年间，法鼓会达到了鼎盛，从城内到近郊随处可见法鼓会的身影，仅参加皇会行会的就有三四十道，足见其受欢迎程度之高。中国自古以来便有着"刚柔并济"的文化审美意识，天津法鼓即是这样一种将听觉、视觉有机结合到一起的综合性艺术门类。将粗犷奔放的阳刚之美与宁静抒情的阴柔之美结合成一个对立的统一体，刚柔相济，达到一种丰富的表现力和完善的形式美的统一，使观众赏其象而得其意；领其神而感其韵。[1]

鼓历来被称为法鼓之魂，各道法鼓会都将其视为最重要的一种乐器，在敲击的时候也有着许多技巧。据会长刘玉新口述：

> 打鼓跟唱歌一样，该重的时候重，该轻的时候轻，该加点的时候加，不该加的时候不能加。要有音乐的乐感，听着要有美感，老一个劲"咚、咚、咚、咚"地没有感觉，没有鼓的韵味。该打边鼓打边鼓，该打中心打中心，轻重缓急都得有，还要有层次，鼓一下来，钹、铙也要下来，鼓一重了，钹、铙也跟着使劲，这样听着好听，尤其在远处听，越听越好听。[2]

其他乐器要尽力跟上鼓的节奏，而技艺精湛的鼓手可以起到带领的作用，也就是"敲钹、敲铙的不用过脑子，光听点儿手就随着（敲），一点都不差"[3]。其实鼓手对于音乐节奏的控制容易出现问题，过去曾经出现过艺人敲点敲得太快，导致其他的乐器无法跟进的情况。同时，鼓的演奏也不同于其他四种乐器，有着随意性，允许即兴发挥，在节奏允许的情

1. 郭忠萍：《法鼓艺术初探》，百花文艺出版社，1991年11月，135页。
2. 采访对象：刘玉新；采访时间：2013年11月1日；采访人：史静、路浩。
3. 采访对象：张振贵；采访时间：2013年11月1日；采访人：史静、路浩。

况下不断加点，因此演奏用时的长短、声响的轻重、音色的变化都可以随心所欲地控制。所以刘家园的会员们在练习法鼓的时候，其他乐器掌握不好，功夫还不到家是根本不允许碰鼓的，更不要说敲打了，老会对于鼓的重视可见一斑。也因为如此，会中最后成为鼓手的会员往往最容易吸引众人的目光，成为会中的焦点。

在老会百余年的历史中，几位知名鼓手的事迹为人所称道，北仑一带耳熟能详的歇后语"王先生打鼓——点儿来了"说的就是会中第一代传承人，鼓手王有林老先生；而第二代鼓手丰奎12岁参加天津皇会，以其镇定自若的表现与精湛的技艺使刘家园祥音法鼓扬名津城的故事，成为了如今六七十岁村民们的集体记忆；现今五十多岁的王子才更是成为"津门鼓王"，是刘家园村民心中的骄傲。

不仅如此，刘家园祥音法鼓的演奏重视的是五种乐器——鼓、铙、钹、铛铛、镲铬的共鸣。铙与钹在表演中也起到了至关重要的作用，曲谱的开点均是由铙与钹来负责，有些曲谱开头的鼓点较为相似，如《绣球》与《拨动子》，这就需要负责开点的钹手敲出不同的节奏以告知其他的表演者。在演奏中，钹与铙是以对奏——会员称其为"咬扣"——的形式展开，通过与鼓的默契配合，使各种节拍巧妙变化。在表演动作的时候，每一个音节也都需要表演者敲出声响，而不仅仅是摆个样子。镲铬与铛铛虽然不是主角，但陪衬的作用依然不可小视。尽管五种乐器的击打点各不相同，但都严格地遵循着谱子，依照统一的速度进行演奏，使得原本交错的声音形成协调的和声，听起来庄严雄浑，也就是会员所说的"五音合一"。

钹、铙也是舞蹈道具，在演奏的时候铙手与钹手需要做出各种各样的动作配合整个演出，具有强烈的视觉冲击力。刘家园祥音法鼓老会钹与铙的表演动作，大多来自于民间武术，如"托塔式"等，动作也融合了刀法、拳术的精要，配以上下翻飞的钹与反复缠绕的铙，达到了"飞钹缠绕"的效果。除了主要从击打动作中发展变化外，还因为法鼓常常参与庙宇祭祀活动，潜移默化受到了宗教的影响。如"抱钹"动作，可以说是从地藏菩萨的"禅定手印"移植过来的；"托塔式"也可以说是从释迦牟尼的"接引手印"演变而来。此外，法鼓艺人生活在群众之中，必然会从中汲取营养，如"叠金钱"动作就是把铜钹想象成为铜钱。随着音乐的进行，表演者在固定的钹音或是铙音节奏中表演相对应的动作，双脚张开站定，不再左右移动，腿上的动作仅有屈膝弯腿，上半身依靠腰部与上肢前后左右地摆动。特别是叠金钱、卷帘两个动作，表演者要保持腰向后弯的状态，十分考验身体素质与柔韧性，所以刘家园祥音法鼓钹、铙的表演者一般均为男性。近年来老会也吸纳了一批小朋友，男女皆有，从小的时候开始练习，做好传承工作。

第四章

器具与遗存

一、设摆器具

法鼓会的组成一般分为两个部分：一部分是由各种道具组成的仪仗执事，也称之为"前场"或"文场"；另一部分是由表演人员组成的法鼓乐队，也称 "后场"或"武场"。所谓仪仗执事，原指古代帝王将相出行的时候由护卫所持的旗、幡、伞、扇以及各式的冷兵器，而天津法鼓的仪仗执事，显然受到了宫廷典制的影响，颇具皇家典范，显得贵气十足。各会的前场执事根据其保驾与随驾性质的不同而有所区别，以金瓜、钺斧、朝天镫、花、罐、鱼、长、茹、艾、方以及各种旗、幡组成的仪仗执事，这样的法鼓会一般称为保驾会；而由茶挑子、衣箱、八方盒子、圆笼、罩筐、灯牌等组成的仪仗执事，这样的法鼓会一般称为随驾会。刘家园祥音法鼓老会为随驾会，它完整地保留了娘娘出巡时的仪仗、执事、前场、后场的传统技艺。这些仪仗和前场被会员们视为镇会之宝，是法鼓的"源"和"根"，所有的仪仗和前场都有着深厚的民间艺术特色和浓郁的文化内涵，体现了刘家园祥音法鼓对于民间文化的理解。

刘家园祥音法鼓的设摆器具多达20余种，用料讲究，制作精良，将中国民间雕刻工艺与博大精深的民间风俗文化巧妙地结合在一起，既有着高度的观赏性，又包含着极其丰富的文化内涵，被称为"半副銮驾"。

香袋：制作精湛、美观，刺绣"二龙戏珠"、"海水江崖"图案以及

香袋

"刘家园村祥音法鼓"字样。高37厘米，宽28.5厘米，内装老会会帖，在设摆与出会期间与其他花会交换会帖以示友好与敬意。一般由老会员背着香袋，走在队伍前面。

门旗：橘黄色，边牙为绿色，尺寸为230厘米×180厘米，形制为三角形，嵌有"天津市北辰区刘家园祥音法鼓"字样，是法鼓会的旗帜，出会时打先锋。

高照：高照上部为双面镂空雕牡丹纹，灯座下部用三块35厘米高的镂空牡丹纹角花托起高照灯，灯托刻有祥云围绕花纹，有着"富贵长春"、"长命富贵"的寓意，是富贵的象征，总高度为256厘米，在夜晚出会时，高照中放置蜡烛，起到照明的作用。

小软对：小软对顶部雕刻一对灵芝、一对如意、两枚柿子，其寓意为"事事如意"，用镂空雕的方式，刻有五只蝙蝠与一个圆形的"寿"字组合成的"五福捧寿"，寓意"福寿双全"、"人寿年丰"，联下雕刻的图案为蝙蝠衔着一枚玉磬，寓意为"福庆有余"，高17厘米，宽41厘米，软对联语是"击鼓鸣金歌盛世，虎跃龙腾庆有年"。小软对的总高度为171厘米。

大软对：大软对顶部雕刻一株卷曲的荷叶贯顶，软对下部雕刻的是莲花瓣，高13厘米，宽38厘米，是为底座。莲花与佛教关系密切，意为"花开现莲"、"花落莲成"，隐喻发展与兴盛、净土与和谐，有着生生不

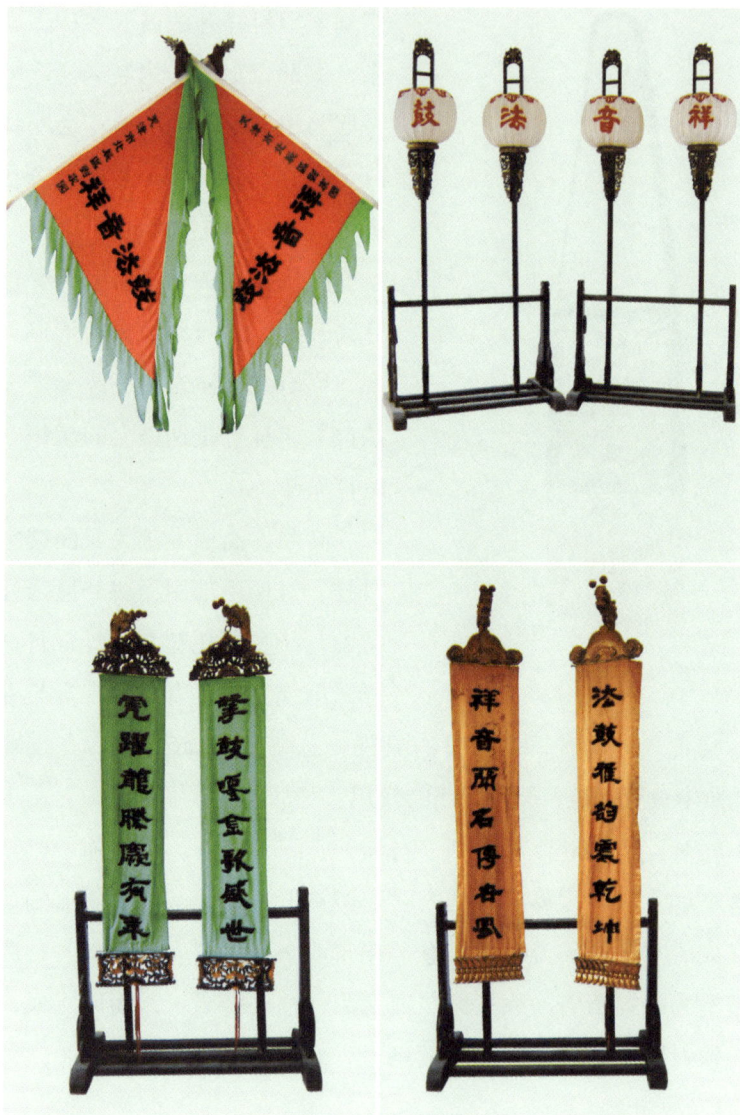

1. 门旗
2. 老高照，新制的灯罩材质为塑料
3. 小软对
4. 大软对

1	2
3	4

息、千古不绝、万代绵长之意，大软对联语是"祥音闻名传世界，法鼓雅韵震乾坤"，暗含"祥音法鼓"的会名。大软对总高度为176厘米。

小硬对：小硬对顶部雕有五只凤凰组成的"凤凰齐飞"纹图，高37厘米，宽22厘米，中间雕有"日"字，另一副小硬对则雕有五只凤凰，中间雕有"月"字，代表着"天地长春"与"日月同耀"，有着天下安宁之意。底部雕有四只凤凰，与顶部五只凤凰相呼应，寓意为"九凤朝阳"、"九凤奔月"，有着吉祥富贵之意。小硬对的尺寸为：总高220厘米，宽38厘米，厚18.8厘米。

大硬对：大硬对顶部雕刻着喜鹊牡丹纹，喜鹊回头看牡丹，寓意着"国色天香"、"富贵长春"，是富贵的象征。大硬对联语为"祥音歌盛世，鼓乐庆丰年"。对联下方刻有牡丹，边框刻有浮雕"祥云"、"仙鹤"以及"寺庙"，框内有缠枝纹，框子中间雕刻着仙鹤在云雾中露出头部，并衔着一轴画卷，紧紧叼住，寓意着刘园祥音法鼓的前程远景更加美好。大硬对总高230厘米，宽37厘米，厚20厘米。

小灯牌：小灯牌为明式雕刻，边框内雕刻有花芽，"扯不断"纹图寓意"绵延不断，永远相连"；灯牌托雕有仙桃，寓意"人寿年丰，富贵年华"。灯牌总高度为208.5厘米，灯座尺寸为21厘米×13.5厘米×5.5厘米，灯牌箱尺寸为80厘米×54.5厘米×16厘米。灯箱内装有两只蜡烛，供夜晚娘娘出巡时照明之用。

大灯牌：大灯牌为明式雕刻，边框与小灯牌不同，图形雕刻在框子的边缘，刻有缠枝牡丹，纹样委婉多姿，富有动感，寓意富贵延绵。灯牌下部刻有佛手纹图，象征着"神灵保佑"、"降福人间"、"积善积德"、"普渡众生"。灯牌总高211.5厘米，灯座尺寸为21厘米×14厘米×6.5厘米，灯牌箱尺寸为81.5厘米×58厘米×16厘米。灯箱内装有两只蜡烛，供夜晚娘娘出巡时照明之用。

圆笼：制作美观大方，工艺精湛优雅，呈黑色，圆笼高55厘米，直径58厘米，底部是四脚支架，平稳牢靠，寓意"天圆地方"。圆笼内可装食物，顶部装有坛灯二盏，供夜晚娘娘出巡时照明之用。

八方盒子：工艺精湛，制作美观，盒子周边都用八块木料拼制而成，有八个老虎腿，盒子八面分别用阴刻方式雕有"梅、兰、竹、菊"图案及"刘家园村祥音法鼓"字样，寓意"八方进财、八方支援"。盒子分两层，可装茶具及梳妆用品，直径60厘米，高64.5厘米。会员也称其为"八角盒"。

硬茶筲：硬茶筲上雕刻着葫芦纹图，葫芦藤蔓绵延，果实累累，籽粒繁多，寓意"子孙万代"、"连绵不绝"。茶筲梁柱上装有坛灯二盏，供夜晚娘娘出巡时照明之用。茶筲身高42.5厘米，直径40.5厘米，总高度92.5厘米。硬茶筲旧时是娘娘出巡时的盛水用具，也是前场装饰的必备器具。

软茶筲：软茶筲上雕刻有"二龙戏珠"，为云龙纹，云为"祥云"，龙是中国最大最重要的吉祥物，腾云驾雾，巍峨凛然，姿态优美，苍劲有力。"二龙戏珠"在祥云之上，是吉祥的象征。梁柱上装有坛灯二盏，供夜晚娘娘出巡时照明之用。茶筲身高45厘米，直径45厘米，总高度91厘米。软茶筲旧时是娘娘出巡时的盛水用具，也是前场装饰的必备器具。

硬样筲：整体满镂空雕刻，刻有莲花纹样，设计精巧，雕刻精湛，有荷花、荷叶、莲子等物。样筲的造型多为莲花图谱，"花开现莲"、"花落莲成"喻发展和兴盛，也象征着"净土"、"纯洁"、"吉祥"和"连生贵子"。底部雕有水纹图，寓意为荷花、莲子在水中生长，长生不老。样筲梁柱上装有坛灯二盏，供夜晚娘娘出巡时照明之用。样筲身高51厘米，直径44.5厘米，总高度106厘米。样筲内可放蜡烛，通过缝隙照明，是前场装饰的必备器具。

大、小硬对

小灯牌

大灯牌

软样筲：整体为满镂空雕，设计精巧，雕功精湛，刻有牡丹纹图，象征着"富贵吉祥"。样筲梁柱上装有坛灯二盏，供夜晚娘娘出巡时照明之用。样筲身高45厘米，直径39厘米，总高度95厘米。因样筲为满镂空雕刻，内放蜡烛可照明，也是前场装饰的必备用具。

软衣箱：软衣箱为楠木材质，暗雕兰花图纹，大面2株，小面1株，顶盖1株。兰花是"五瑞"中一种吉祥的植物，代表着洁净、高雅。衣箱上方两侧装有坛灯2盏，供夜晚娘娘出巡时照明之用。衣箱高65厘米，长65.8厘米，宽44.2厘米，娘娘出巡时内装比较薄的服装。

硬衣箱：硬衣箱为楠木材质，暗刻"刘家园村祥音法鼓"字样，衣箱长66厘米，宽45厘米，高62厘米，娘娘出巡时内装比较厚的服装。

硬茶炊子：上半部图纹为镂空雕，刻有石榴、佛手、仙桃三种，含意为"福寿三多"，寓意"多福、多寿、多子"。顶部放置西洋壶，为青铜制品，烧水器具，供娘娘出巡饮水之用。下半部为立方体，44.5厘米×44.5厘米，高72.5厘米。上半部大于下半部，亦为立方体，四柱为挂芽式雕刻。四框为玻璃装制，绘制四君子"梅、兰、竹、菊"，框柱雕刻着"福寿三多"。框内可装蜡烛照明，四角装有坛灯四盏，供娘娘出巡时照明之用。造型别致，美观大方，是前场装饰的必备器具。总高度为90厘米。

软茶炊子：上部四角为灵芝如玉，雕有扯不断图纹，中间放置小八方盒子，内装娘娘出巡时的化妆品，盒盖刻有折枝牡丹一株，暗刻"刘家园村祥音法鼓"字样；四面暗刻古钱，有的用两枚古钱重叠，寓"金玉满堂"、"福寿双全"、"前程似锦"之意。底座四框刻有扯不断图纹，四条腿底足雕刻卷珠纹，下部为立方体（45.8厘米×45.8厘米）；上部亦为立方体（73厘米×73厘米），四柱为挂芽式雕刻。四框为玻璃装制，绘制博古纹，框内可装蜡烛照明，也是前场装饰的必备器具。总高88厘米，四角上装有坛灯四盏，供夜晚娘娘出巡时照明之用。

九莲灯：用九盏坛灯安装在架子上，顶灯为红色，在夜晚娘娘出巡时可代替大纛旗之用，高376厘米。

大纛旗：土黄色，旗边是蓝色的海水刀牙，旗梁两端由龙头装饰，旗梁下面下垂着数条棕红色的穗子，旗面上方镶嵌着"刘家园村"四个大字，旗面中间镶嵌着"祥音法鼓"四个大字，两边刺绣着金黄色的"二龙戏珠"图案，旗面下方刺绣着海水江崖的纹样，旗底下垂着数条棕红色的穗子。造型美观大方、庄重，显示出刘家园祥音法鼓坐镇大旗的威严。旗杆顶端装有火焰造型，寓意刘家园村祥音法鼓红红火火、兴旺发达。

手旗：土黄色，尺寸为65厘米×47厘米，嵌有"刘家园村祥音法鼓"字样。手旗是维持秩序的标志。

手挑灯：手挑灯高130厘米，在120厘米处弯曲，并吊有高30厘米、直径16厘米的筒子灯，供夜晚娘娘出巡时照明之用。

气死风灯：一般用竹片制作三角架，高度为150厘米，中间吊有冬瓜灯，高60厘米，直径40厘米，供夜晚娘娘出巡时照明之用.

木凳：有方和圆两种，一般由红松和榆木制作。木凳高46.5厘米，圆凳高51厘米，为钹、铙手坐敲演奏之用。钹手坐方凳，铙手坐圆凳，寓意"天圆地方"。

引锣：引锣分两道，第一道引锣称为"头锣"，在门旗的前边；第二道称为"二锣"或是"腰锣"，在灯牌后边。引锣与二锣在行会中起引导和传递信息的作用。引锣手柄雕刻有龙纹图，长26厘米，锣面直径20厘米。

鼓箱子：由鼓牙、鼓腰、鼓架、鼓托、鼓橄5个部分组成。鼓箱面94厘米见方，总高度108厘米，四角装有坛灯四盏供夜晚娘娘出巡时照明

圆笼

八方盒子

1. 硬茶筲
2. 软茶筲
3. 硬样筲
4. 软样筲

1	2
3	4

1. 老会具，小八方盒子特写
2. 软衣箱
3. 老会具，西洋壶特写
4. 硬衣箱

1	2
3	4

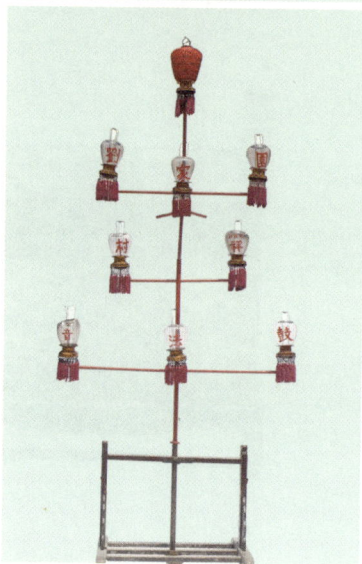

1. 硬茶炊子
2. 软茶炊子
3. 九莲灯
4. 旧时的大纛旗

1	2
3	4

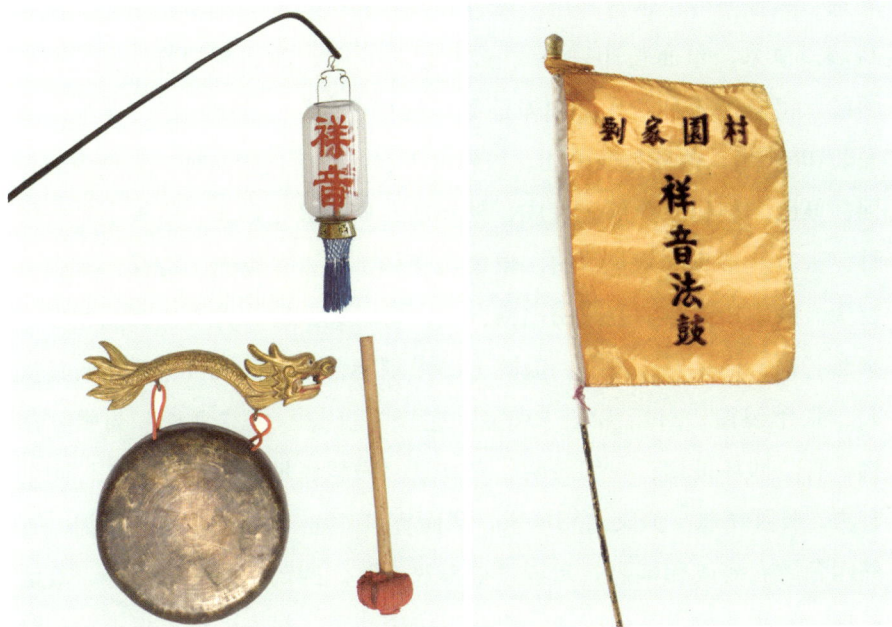

1. 手挑灯，也叫挑子灯
2. 引锣
3. 手旗

| 1 | 3 |
| 2 | |

之用。鼓牙由五块屏风组成，三块大屏风，两块小屏风，小屏风中间为60厘米的鼓门，便于鼓手击鼓时使用。鼓牙屏风由六个立柱相连，立柱上雕有吉祥鸟、白头翁稳稳站在两只仙桃上，寓意"事事平安、长生不老"。屏风上分别雕有水仙花、竹子、桃树杆、寿桃、喜鹊、灵芝等，寓意"高雅绝俗、常青高洁、长寿祥瑞、喜庆吉祥、事事如意"。鼓牙高19.5厘米，单面长101厘米。鼓腰也称束腰，四面雕刻着松鼠、葡萄藤纹，寓意"子孙万代、福寿连绵、延绵不断"。鼓腰高5.5厘米，单面长106厘米，两侧是鼓橄孔，鼓腰上下有莲花瓣托腮装饰。鼓架由鼓架顶、鼓围、鼓腿三个部分组成，鼓架顶四周为鼓腿彭牙，望板上雕有牡丹、玉兰、茶花、菊花纹图，象征着幸福、长寿、祥瑞、吉祥、富贵、吉庆。鼓围用苏绣的方式绣出梅、兰、竹、菊纹图，并有吉祥鸟相伴，寓意"福、禄、寿、喜"。鼓腿上部雕刻瑞兽雄狮，双目睁明、威猛摄人、张牙裂齿，口衔佛家"八宝"之一"盘长"。"盘长"为佛家法物，有"回环贯彻、一切通明"之寓意。鼓腿底足刻有雄狮利爪，刚劲有力，脚踩绣球。鼓架高59厘米，单面宽116厘米。鼓托也称为托泥，下部四角雕有寿桃和蝙蝠，寓意"福寿双全"。四周都雕有桃树杆，盘曲连接。寿桃的根本是桃树杆，用其连接表达了"福寿延绵，事事顺，路路通，连绵不断，无休无止"的意思。鼓托单边长105厘米。鼓橄雕有龙头和龙尾，龙头、龙尾与鼓橄两端相接。

鼓箱子，后面为现在的大纛旗

二、表演道具

法鼓的演奏器具一般来说有五种：鼓、铙、钹、铛铛、镲铬。其中，钹与铙既是法鼓音乐的伴奏，同时也是法鼓舞蹈表演的道具；鼓既是法鼓演奏的总指挥，同时又为钹、铙舞蹈起伴奏的作用；铛铛和镲铬，在整个表演进程中按照节拍进行击打，在演奏"上擂"的时候，铛铛的击打起到了烘托气氛的作用。

鼓，其外部的框子为木质结构，表面为皮质，通常为牛皮，也有如江豚皮这样较为罕见的材料。材质的优劣，工艺是否讲究，音声传递时间的长短，音色好听与否等，决定着鼓的质量。会员在平日的练习中，会将鼓放在木质的鼓架子上，练习完毕后会将其妥善保存起来。在过去，为了防止鼓受潮，或者是受到老鼠啮咬而会将其吊起来存放，而在出会表演的时候会将鼓放进鼓箱中，只露出鼓的皮面，作为一个整体设摆、行会与表演。鼓箱不仅仅可以存放鼓，也可以通过在鼓箱中放置簧片等起到增强音色的作用。击鼓的时候，从鼓心到鼓边可以发出高低不同的音响，鼓心的声音较为低沉，而鼓边的声音较为高亢。

各道法鼓会的鼓直径大小不一，刘家园祥音法鼓老会的鼓既

鼓

有直径为二尺（65厘米左右）的，也有一尺八（60厘米左右）的，表面由牛皮制成。早年间，老会曾有一面纯江豚皮制成的鼓，被村民称为"黑鼓"，有着非常悦耳的音色。会员们为了衬托出鼓的音色，还在鼓箱内设置了两套簧片，击鼓时声波振动簧片产生共鸣，使得鼓的音色更加动听，只可惜被日本兵捅破了鼓面，就此失传。据魏祥云老先生口述：

> 会具里面有个黑鼓，那个黑鼓我都不知道什么时候有的，就知道日本兵来的时候，那个鼓有内胆，哗啦哗啦响，日本人说里面有东西，就拿刺刀扎一窟窿，然后那个黑鼓就被破坏了。那个黑鼓是最好的鼓，现在买那鼓皮可买不到。[1]

铙最早出现于宋代，属于打击乐器，每一副铙有两只，成对出现，两只铙相互击打发出声。因为铙中间凸起的部分比较小，所以发出的声音较为浑厚，余音较长。在法鼓音乐的乐谱中，代表铙的符号为"○"。

刘家园祥音法鼓老会的铙为铜制，直径为30厘米，重约4斤。一般都配有铙带子。铙带子为拴在铙上的指套，表演者要将中指插入铙带子中，另外四指握住铙身。过去的铙带子为麻绳编织而成，而现在

铙

多采用更为结实耐用的尼龙材质，老会会员田文起就曾亲手制作过铙带子，现在的铙表面已经没有"眼"了，需要人工打眼，十分考验会员的手艺。

---

1. 采访对象：魏祥云；采访时间：2013年10月25日；采访人：路浩、史静。

购买铙的时候，需要对其进行"配音"，因为铙大多为人工制作，薄厚不一，音色各异。刘家园祥音法鼓老会每一对铙的音色都要求相同，所以要通过敲击铙的边沿，辨别音色相同的铙，使之配成一对。为了便于区分，也使铙更为美观大方，每一只铙的表面都有"刘"、"家"、"园"、"祥"、"音"、"法"、"鼓"这几个字中的某字作为记号，每一副音色相同的铙的表面有着相同的字。

钹属于一种响器，在法鼓中也是一种表演器具，其中间的凸起部分，称为钹瓮子，中间有孔，可以穿不同颜色的布，称为钹缨子，表演者将部分钹缨子缠在手上进行表演，在做舞蹈动作的时候，钹缨子凌空飘动，上下翻飞，是为法鼓表演中的一大特色。在法鼓音乐的乐谱中，代表钹的符号为"×"。

刘家园祥音法鼓的钹与铙均为紫铜质地，外径27厘米，钹边缘的片状部位宽约6厘米。过去的钹每副重5斤左右，表演者握在手中感觉较沉，近年来钹的重量有所减轻，大概为4斤。20世纪80年代，老会复会的时候，魏五爷从市里挑回来的器具有一副老钹，是纯手工砸制而成的，重量较轻，会员王旭就曾经使用这对钹进行过表演，但

钹

如今已经不再使用。为了便于小朋友从容地使用，老会特意制作了小钹，每副2斤左右，直径为23.2厘米，钹边缘的片状部位宽约5厘米。

在结束练习或是出会完成之后，钹缨子要缠在钹身上，这是自老会创始之时一直沿袭下来的传统。钹缨子长约5尺（1.7米左右），在老会刚刚

成立的时候为黄色，后来变为红色，近期会员们主张恢复旧时的传统，将钹缨子再次改为黄色。在过去，为了安全，在将钹缨子穿过钹孔的时候，还要绑上麻辫子。麻辫子是一种红色的绳子，与钹缨子一起穿过钹孔，使其在里面绷住劲儿，不至于在表演时伤到人。如今，这种麻辫子只在会中少数旧一些的钹中得以见到，新制的钹已经没有麻辫子了。

铛铛由三部分构成：一部分为一面直径16.5厘米的小锣；另一部分为铛楗子，由一根富有弹性的竹片与一枚老钱组成，老钱捆绑在竹片的一端，通过老钱与锣面的碰撞发出清脆而响亮的声音；第三部分为铛铛架，可以将小锣固定在手柄之上，便于表演者手持。手柄的纹饰可分为三种：一种为全龙，手柄把和横梁都雕刻龙纹图；第二种是手柄把雕刻龙纹图，横梁雕刻雄狮戏绣球纹图；第三种是手柄把雕刻龙纹图，横梁雕刻雌狮戏幼狮纹图，其造型极为美观。手柄高51厘米，横梁长32厘米。

镲铬在法鼓音乐中起到了击板合拍的作用，是老会会员在学习法鼓演奏技艺的过程中最先接触到的一种响器，具有简单易学、入门快的特点。镲铬的形制与钹十分相似，只是直径小了许多，仅为15厘米。镲铬每副两只，成对出现，以0.5米长红色缨绸穿入中间小孔，表演者将其缠在手上，握住镲铬进行表演。刘家园祥音法鼓老会的镲铬表演者均为年纪不大的少年儿童，男女不限，表演时通常穿着华丽的红、蓝两色的清式服饰，敲奏的时候一板一眼，十分认真，成为老会表演的一大特色。

铛铛

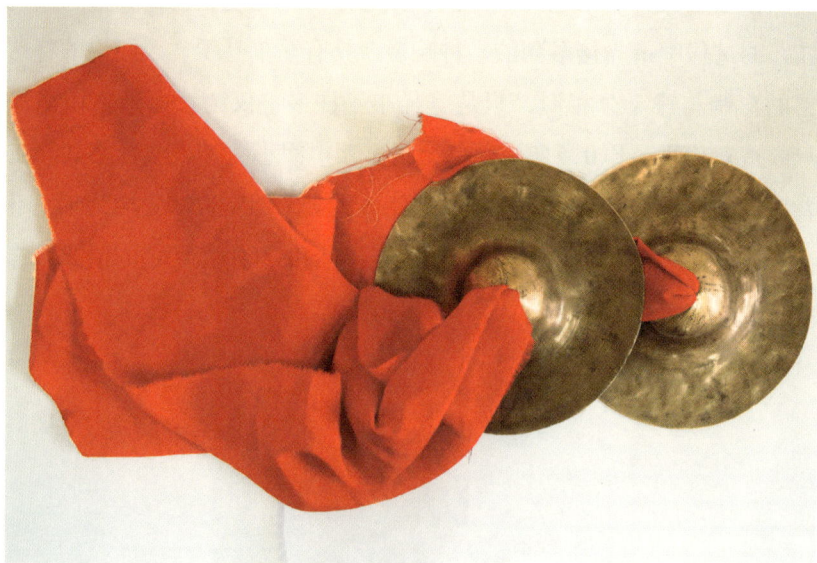

镲铬

三、器具的功能与象征意义

法鼓是天津特有的鼓乐表演形式，在天津皇会的行会中占有举足轻重的地位。法鼓会是娘娘出巡散福过程中随驾、伴驾的关键会种，是伴随娘娘左右华贵而庄严的仪仗队伍。相传法鼓发源于佛教。在过去，佛堂念佛念累的时候就会敲敲法鼓，诸如《绣球》《老河西》等一些常见曲牌的点与念佛的点十分相似。念佛的"正点"与法鼓的常行点更是一模一样，只是在节奏上略有区别，法鼓的点较慢，而念佛的点较快。法鼓演奏的五种乐器，在宗教仪式中称之为"法器"，同时，法鼓表演的舞蹈动作也受到了宗教祭祀仪式的影响。

刘家园祥音法鼓蕴含着深厚的民间传统文化，在津门法鼓之中具有独特的魅力。前场执事多按顺序依次对称摆放，强调顺序和对称性，也特别重视其中的文化内涵。法鼓的前场和仪仗是能工巧匠根据刘家园祥音法鼓的特点，以及娘娘出巡散福的需要，将音乐和表演的实质有机地融合在一起，运用花鸟鱼虫、花果树木、生活娱乐等元素，通过象征、比拟、双关、寓意等技法，大量地使用中国传统的祥瑞符号，创作出与法鼓特点和风格相适应的传统雕刻艺术图案，反映着民众内心对于美与信仰的追求。祥音法鼓的会具大多是木雕工艺制品，是天津传统木雕艺术的展现。这些仪仗执事构思巧妙，雕刻精细，颇具想象力和感染力，是不可多得的艺术珍品。例如，鼓箱刷以黑色大漆，镂空雕刻有四季花卉、龙鸟兽禽的精细花纹。鼓箱四角分别刻有狮头形象，象征吉祥喜庆，选用雕花包金工艺，更加富丽堂皇，彰显法鼓的皇家风范。铜质引锣配有木质龙头把手，龙头镶红缨球，敲打时，灵动轻巧，摇曳生辉。硬对儿绘画展示了历史英雄人物。门旗、高照、灯牌都以对称的形式书写"刘家园祥音法鼓"字样。茶炊子以精细的雕工刻出四季花卉图案，再刷以红漆。整套会具以典雅的深红、藤黄、金色、煤黑为主，显示皇族的气派，既符合皇室銮驾富贵高雅的形式要求，也展现出皇会出巡"独占鳌头"的色彩心理需求。

会具上的文字也有不凡的来历。清光绪二十四年（1898），祥音法鼓会第二代传承人赵晓峰先生担任会头期间，刘家园村的最后一代秀才魏宗洲先生欣然为法鼓会题字。魏先生以其善长的隶书为祥音法鼓会重新书写了牌匾以及所有会具上的文字，其夸张的"蚕头"和波磔形的"燕尾"等给人以灵动之美和逸散古趣，字字光彩照人，为老会增添了一道亮丽的景致。

平时，会具都保存在会所内，有专门的房间和箱、柜存放，由有经验、责任心强的老会员维护、整理，会员都自觉爱护它，村民们也视其为珍宝百般呵护。在使用会具时，要求会员自觉爱护，保证会具使用后完好无损；每次出会前都要对会具进行安全检查，采取必要的保护措施。

会具有专人管理并定期维护，发现问题及时解决。过去鼓箱靠四人倒替抬，既费力又怕磕碰，现用五个转向轮制成低盘车，一人拉车就解决了问题，鼓手也能正面打鼓，更易于掌控全局，大纛旗或九莲灯还可安放在车尾的管座中，省去专人把扶，可谓一举多得。修理响器的时候也有讲究，比如钹、铙的表面一旦有了裂纹，就在裂的地方打个豁口，这样就不会再往下裂了，使得一些残缺的铙钹还可以继续使用，并且声音如故。会员田文起自20世纪80年代起就开始负责会具的维护与修缮，比如晚上出会时使用的蜡烛，是他费了很大力

新买的蜡烛（长）与改好的蜡烛（短）

气从北仓寻到的，这种蜡烛有着较长的燃烧时间，燃烧的过程中既不会冒黑烟，也不会弯曲，同时价格也比较便宜。由于蜡烛无法订制，其底部与会具的灯口并不相配，改制蜡烛的任务也是由田文起操持完成。

会具使用时间长了之后需要更换，历代都有不少村民慷慨解囊为法鼓会置办会具或捐助钱物。同时，各届村领导也都很支持，经常由村里出资复制会具。2010年，老会复制了大纛旗一面、香袋两个、灯牌八个，同时还添置了十几副新钹、新铙。现用的仿古新鼓箱是以2009年冯骥才先生率中、日、韩学者考察刘家园祥音法鼓老会期间个人捐助的五万元中的部分善款复制的，该鼓箱以各种工艺雕刻四季花卉和鸟龙禽兽，古色古香，美观大方。

四、会服

刘家园祥音法鼓的出会服装经历了一个从无到有的过程。

刘家园村并不是一个十分富裕的村子，人口也不是很多。过去，会员们出会都由全村民众扶助，并没有多余的钱财置办会服。改革开放后，随着村民生活水平的提高，老会会员们开始着手置办会服。最初，所有的会服都是由村中的女性村民缝制。据老会会员讲述，当时村民的家中，甚至村委会都成了临时作坊，村民废寝忘食，不分昼夜地裁剪、缝制，只为赶上在出会之前为每一位会员置办好服装。会服从设计到制作集中体现了所有村民的理念与智慧，也使得会员们在表演时有着更高的演出积极性。

刘家园祥音法鼓老会的会服共经历过四次改革。之前的几套服装，其制式大体上相同，均为传统汉族服饰，服装的底色为白色、黄色或湖蓝

① ② 20世纪90年代的表演服装

③ 2005年制作的表演服装

和表演服装搭配的红色头巾

色，上衣有旧式疙瘩扣，边角处绣有与服装底色相异的祥云图案，祥云图案的边沿绣有亮片。下装没有复杂的样式，一般为宽松的与服装底色一致的长裤，头上通常还戴着颜色鲜艳的头箍与头巾。

2013年1月，老会重新设计了仿清制式的新会服，意在从服饰上再现古老的装束情景，尽可能地将原汁原味的民间文化呈献给广大民众。鼓、钹、铙、铛铛的表演者头戴黑色帽衬，帽子上以红色的线球作为装饰，身穿蓝色中式长袍，黑色马褂，

2013年1月制作的仿清服装

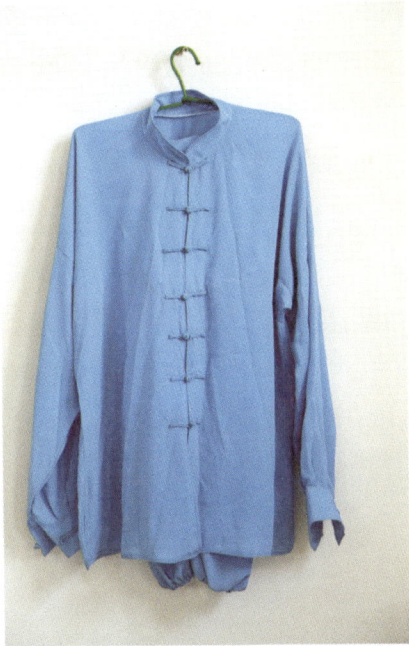

2014年4月制作的夏款服装

棕色中式便裤，脚穿清式便鞋，但大多数情况下对于鞋子不做严格要求，皮鞋、运动鞋皆可。在表演中，为了方便敲鼓，鼓手还会将袖口挽起，露出一段白色的里子。挑茶炊子的表演者一般身穿蓝色或紫色的长袍，腰间系有腰带，蓝色

与仿清式表演服装搭配的帽子

的长袍会配以米色的腰带，而紫色的长袍会配以红色的腰带，下装为红色中式便裤，脚穿清式便鞋，但同样对于鞋子不做严格要求。镲铙表演者头戴清朝小帽，身穿蓝色中式长袍，红色马褂，棕色中式便裤，对于鞋子同样没有要求。而在行会时，敲引锣者头戴帽衬，身穿浅棕色长袍，袖口挽起露出白色里子，负责抬会具的会员既有穿着云子纹衣裤的，也有穿着紫色或是蓝色长袍的。

2013年春节，这套新制的服装在盛仓新苑连续两日的表演中得到了广泛的关注与认可，人们不仅夸赞仿清会服是锦上添花，还特别赞誉祥音法鼓不断追求原真性的精神。2013年冬天，老会为会员们置办了可以在寒冬时节穿着的清式棉鞋，更大程度还原了旧时的传统。同时，会员们在2014年4月，又设计了一套麻制的淡蓝色宽松款式的夏季会服，同时配以黑色洒鞋和红色头带，麻质地的衣服轻薄，适合夏季演出。

第五章

传承现状

一、传统社区认同与嬗变

法鼓是天津民间独特的音乐舞蹈艺术，通常以花会作为载体，鼓、钹、铙、铛铛、镲铬五种响器依据会中流传下来的曲牌进行演奏，节奏明快，铿锵有力，大气磅礴，充满了感染力。天津法鼓开始于四百年前，在清代中期盛极一时，而后因为战乱等客观原因开始衰落，"文革"期间绝大多数老会的会具毁于一旦，加速了法鼓会的消亡。20世纪80年代，许多对于法鼓会有着深厚情感的老人再次着手复兴民间花会，20世纪90年代初期，法鼓会迎来了短暂的辉煌。

进入21世纪，随着城镇化进程的不断推进与老城改造的深入，传统社区模式解体，依附于传统社区存在的法鼓会再次遭受重创，面临着传承的危机。老会会所被强行拆除，致使老会的会员无法聚集，会具无处存放，导致老会难以为继。同时，传统社区模式的解体也导致了老会运作资金链的断裂。曾经出过皇会的挂甲寺庆音法鼓銮驾老会一时风光无限，其会具由明朝一位妃子所赐，华贵至极，但就因为传统社区消失所带来的一系列的连锁效应导致了如今老会在资金、人员等各方面的捉襟见肘。

刘家园祥音法鼓老会成立于清朝道光年间，距今有一百多年。其所依附的传统社区为刘园村，旧时也称为刘家园村，坐落于天津市北辰区北仓镇，依北运河而建。村中唯一的一道花会即为刘家园祥音法鼓老会，村民对于老会的热爱已经深入到骨髓之中，每一位村民对于法鼓会都有所贡献，即便在"文革"期间，老会会具危在旦夕，乃举全村之力藏匿会具，最终得保平安，也成为天津地区少有的仍旧保存有旧时会具的花会。如今，虽然刘园村的村民已经搬进了高层建筑之中，但法鼓会却并没有因此而衰亡，而是得到了较好的传承。

在老城搬迁的过程中，因为政策的原因，大多数居民是以居住面积及家庭人口数换算新房面积或相对应的金钱，往往无法选择集中在某地居住，以致人员分散，很难聚集起来。刘家园祥音法鼓老会依附的传统社区，即刘家园村，在北辰区老城改造的规划中，罕见地以村为单位进行整体性还迁。如今，刘家园村的村民绝大多数生活在距离刘家园村旧址不远的刘园新苑社区之中，在外居住的人口比例非常小。据老会会员王振东口述：

村民由过去的平房搬至高楼之中

　　我们赶上了好政策，这叫嘛呢，叫旧村改造。旧村改造就涉及到两个村，一个我们刘园，一个王庄。这好在哪儿呢？好在我们村拆完了以后，几大户的人家都回到了一块儿，都集中了。[1]

　　同时，村委会并未随着搬迁而消失，而是成为了刘园新苑社区的管理者，保证了老会在由传统社区过渡到新型社区的过程中的稳定性。村委会为了保证村民在整体性搬迁后的生活，也采取了一系列的举措：其一，在社区周围建立了一系列的公共设施，如酒店、幼儿园等，极大方便了村民的生活。其二，村委会为社区中六十周岁以上的村民提供了诸多的福利，如每个月的固定补助以及逢年过节的额外补助，等等。"现在人们生活水平提高了，领导也特别关心老百姓的生活，60岁以上的不管男女一个月700块钱的生活补助，端午节给发200元粽子钱，中秋节给发600元的月饼钱，过年的时候一个人给发1200元，连给孩子们的钱都有了，我们这些老人特别知足。"[2] 这种做法既保证了村民的基本生活，又可以吸引居住在外的刘园村村民搬回，并吸纳外来人员丰富社区的人员构成。

　　这个村里头现在又进来不少新的村民，王庄是我们临近村，（他们的村民）在我们这买房子，以后啊就算我们村人了，有五十多户，一户三口。还有安徽的、山东的、河南的（村民）原来买我们老村房子，这回还迁他们进来了，都是我们的老乡亲。而且我们这村还特别尊重这些个外来人口，没有一点欺生啊，看不起人家外来人口的。[3]

　　虽然由平房搬至高层楼房，但传统社区的主要框架并未发生质的改变，老会的主要会员均集中在刘园新苑社区之中，喜爱刘家园祥音法鼓的

1.采访对象：王振东；采访时间：2013年10月25日；采访人：路浩、史静。

2.同上。

3.同上。

村民也并未发生大规模的流失，这就保证了法鼓会传承的群众基础，也是刘家园祥音法鼓老会能够在转型期中得到较好传承的重要原因之一。

在后"非遗"的时代，如何更为有效地对非物质文化遗产进行妥善的保护，使其更好地传承是摆在政府以及文化工作者眼前的重大问题。虽然只是试点性的搬迁，但对于刘家园祥音法鼓老会的传承却起到了无心插柳的作用。从政府角度上看，整体性搬迁较好地完成了旧城改造的计划，达到了推进城镇化进程的目的，而从文化的角度上看，这样的政策也有效地保护了文化传承的社区空间，从根本上保留了地域文化所依赖的原始土壤。可以肯定的是，这样的搬迁计划是成功的，更是双赢的，在城镇化进程中具有非常重要的借鉴意义，值得政府部门思考。

二、会员结构变化与活态传承

刘家园祥音法鼓老会在这百多年中历尽沧桑，几经兴衰，村民对于法鼓会发自内心的喜爱使得他们费尽心力维护、发展、传承老会，也正是由于村民的用心和不懈努力才使得刘家园祥音法鼓延续至今。老会在传承的过程中，家族传承起到了很重要的作用。村中几个大姓，田家、丰家、王家、魏家等几代人都是老会的会员，现任会长刘玉新的儿子刘向龙现在会中敲镲铬，是少年儿童们的领头人，每次出会活动都会参加，副会长王旭的孩子也已经开始接触法鼓。

目前，法鼓会已经传承至第六代，有着相对明晰的传承谱系：

第一代传承人：王有林（1829—1924）

第二代传承人：丰奎（1874—1970）、赵晓峰（1875—1961）

第三代传承人：丰振贵（1924—2010）、魏祥云（1924—）丰振富（1930–1993）

第四代传承人：田文起（1947—）、王子才（1955—）

第五代传承人：刘玉新（1971—）、王旭（1983—）

第六代传承人尚在培养中。

值得一提的是，2008年底，天津市评定了47名市级非物质文化遗产项目代表性传承人，其中年龄最大的是"天津时调"的代表性传承人王毓宝，时年已经83岁，而最年轻的即为刘家园祥音法鼓老会的代表性传承人刘玉新，时年38岁。一个83，一个38，两个数字背后的故事成为了刘家园村村民口口相传的经典。

老会五代中共出了十三名鼓手，现已故去九名，剩下的四名鼓手，年长的七十一岁，年轻的二十多岁，另外两位都是四五十岁的中年人。他们的表演都非常精彩，都得到过观众的好评。老丰家爷三个都是鼓手；老王

几位已故传承人的照片陈列在会所：

1. 第一代传承人王有林
2. 第二代传承人丰奎
3. 第二代传承人赵晓峰
4. 第三代传承人丰振贵
5. 第三代传承人丰振富

1	2	
3	4	5

家三代人出了三个鼓手；老张家哥俩都是鼓手；老魏家兄弟三个都是法鼓艺人，其中一个也是鼓手。在这十三位鼓手中，王有林、丰奎两位最有名气。北运河两岸有句民谚："王先生打鼓，点儿来了。"这句民谚在村民之间广为流传，是观众对鼓手的称赞，说的就是刘家园祥音法鼓第一代传承人王有林老先生。第二代传承人丰奎，十二岁时已经成为了鼓手，因为年纪尚小身材不高，打鼓的时候还要在脚下垫着板凳。当年刘家园祥音法鼓去市里出皇会，在六道法鼓相聚，二十四把镲铙齐奏时，面对万众欢腾的热烈场面，丰奎镇定自若，鼓点清脆不乱，出类拔萃，赢得观众不断喝彩和高度赞扬。

> 祥音法鼓被邀请到市里，当时的鼓头是丰奎丰大爷，我们村里一个电线杆上有一个大喇叭，每天有广播，我们就站那儿听，"刘园祥音法鼓上台了！""丰奎丰大爷打鼓！"……在大喇叭底下我们感到特别荣耀。[1]

自此，刘家园祥音法鼓享誉运河两岸，扬名天津。第三代鼓手丰振富青出于蓝，技艺比丰奎还要高超，20世纪60年代培养出了一大批弟子，为法鼓的传承做出了极大贡献。第四代传承人、五十多岁的王子才被评为"津门鼓王"，其祖父王有林、二伯父王立奎也均为鼓手。王子才八九岁的时候就开始背谱习鼓，二伯手把手，通过筷子敲盘的方式教他练习。第五代传承人、二十多岁的王旭练鼓着了迷，在会里练完还在家里练，还买了面小鼓，有空就敲。他现在是会中最年轻的鼓手，同时还通晓其他乐器的演奏。

现阶段刘家园祥音法鼓老会共有表演会员47人，再加上前场人员与服务人员，大概有百人。

> 咱们中青年大概有一百位，在各个工作岗位，小孩儿大概有十多位，我们这样七八十岁的也有二十多人。[2]

1.采访对象：王振东；采访时间：2013年10月25日；采访人：路浩、史静。

2.同上

其中，最小的会员为刘向龙，刚刚6岁；最为年长的会员为魏祥云，今年已经90岁。在这47人之中，60岁以上的有15人，占总人数的31.9%；40岁至59岁的有9人，占总人数的19.1%；18岁至39岁的有17人，占总人数的36.2%；而5岁至17岁的有6人，占总人数的12.9%。刘家园祥音法鼓老会的会员结构比较合理，老年、中年、青年与少年儿童各个年龄段都有人加入其中，有着非常广泛的群众基础。六七十岁的会员随着年纪的增长慢慢退居二线，更多地起到了服务的作用，少年儿童也加入到老会中来，每次出会都有5位小朋

会中年龄最小的会员刘向龙

友负责敲镲铬，成为刘家园祥音法鼓老会的一道靓丽风景。而中青年所占比例超过了全部会员的一半，成为了老会的中坚力量。会中的领导班子是由所有会员民主选举产生的，现任会长为第五代传承人刘玉新，副会长为第五代传承人王旭、张英会，他们都三四十岁，正处在年富力强的年岁，充满了想法与干劲，正是他们的努力操持，再加上老一辈会员对他们的支持与指导，才使得刘家园祥音法鼓老会能够顺利地传承下去。

现任会长刘玉新、副会长王旭、老鼓手张振贵接受笔者采访

第四代传承人田文起接受笔者采访

三、经济来源的变迁

花会的正常运行离不开金钱的支持。平日间会服、会具的购置与修缮即是一笔比较大的开支，而每次出会活动更需要大量的金钱作为后盾，以保障出会的顺利与体面。在社会飞速发展的今天，随着出会费用的不断上涨，越来越多的民间花会面临资金缺乏的窘境。天津市区的诸多法鼓会，如挂甲寺庆音法鼓銮驾老会、锦衣卫桥和音法鼓老会等在当下均饱受经济条件的困扰。刘家园祥音法鼓老会传承的百年间也数次有过资金不足的经历。然而得益于村民强烈的文化认同，再加上各方及时伸出援手，时至今日老会依然保持着相对良好的经济状况。

刘家园祥音法鼓老会是在清朝道光年间，由村里有威望的长辈出面组织，村民自愿捐助钱物，才建立起来的。在很长的一段时间内，其经济来源较为单一，仅仅依靠村民自发捐助维持老会的正常运行。到了战争年代，民不聊生，村民连正常的生活都难以为继，自然没有多余的财物再支持法鼓会，而在这个时候，人称"曹大帅"的曹克忠衣锦还乡，拯救了危在旦夕的法鼓会。曹克忠是刘家园村人，出资为法鼓会置办全了会具，并联合村里一些商人和村民再一次进行资助，使得法鼓会逐渐恢复了起来。进入20世纪80年代，随着"文革"的结束，花会开始复兴，此时老会面临会具有损、没有会服、没有正式会所、曲谱需要整理、缺乏资金等困难，时任村党支部书记张振贵多次组织老会员座谈，并委托老艺人丰振富先生牵头主持法鼓会活动，克服了许多困难，终于使老会成功复会，并发展到现在的规模。

过去资金来源主要靠爱心人士或村中大户人家资助。自20世纪80年代至今，刘家园祥音法鼓老会的资金来源主要有以下几个方面：一是村委会的支持；二是村民资助的善款。如每年的大年初六，老会会员会在刘园新

老会在春节期间向村民拜年并赠送红纸金字喜帖，村民会捐赠一些善款作为回报

苑社区中表演，并给村民赠送红纸金字的喜帖，上书表意吉祥的文字。作为回报，村民会自发地捐助给老会一部分善款；三是企事业单位或团体庆典活动给予的回报，一般来说周边商铺开业均会邀请老会前去表演，如果不出全会，即不出前场的话大概给三千到四千元，而如果出全会，则给四千元到六千元；四是各级政府或有关部门举办重大活动发给的补贴。刘家园祥音法鼓老会作为国家级非物质文化遗产，得到过国家、市下发的专项拨款，也得到过冯骥才先生个人捐助的善款。同时，如何更为有效地利用筹得的款项也是一个摆在会员面前的问题。为了做好"开源节流"的工作，自2013年起，会里改为一人管钱、两人分管账目，一切开支必须经由三位会长签字，杜绝计划外开支，把钱重点花在添置会具、会服与培养新的传承人上。同时，对于来自各方的善款都要记录在案，并在会所张榜公布，真正做到账目公开、透明，接受会员监督。

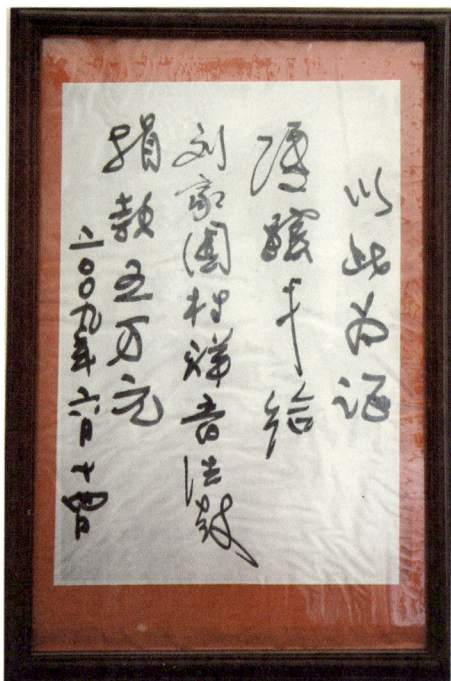

冯骥才先生于2009年捐赠刘家园祥音法鼓老会5万元，并留下墨宝，会员将其珍藏于会所中

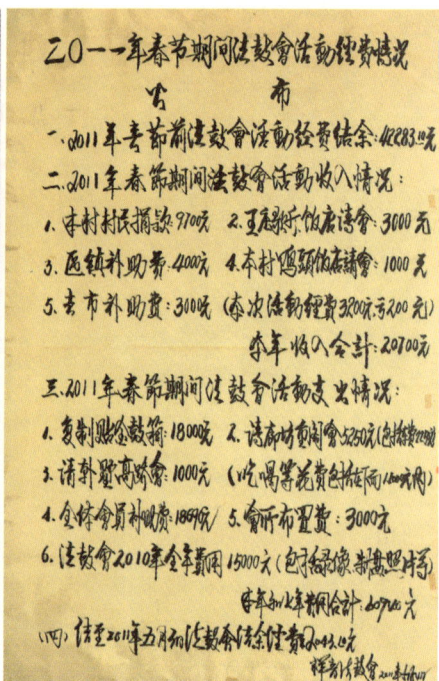

老会每年都会将活动经费情况予以公布，并张贴在会所中

四、老会的传承

　　冯骥才先生曾提出，在非物质文化遗产保护中，政府的主导性力量必须充分地发挥。许许多多的民间文化，在其濒危之际，往往因为政府力量的不作为而最终在民间大众的视野中消失，就算一些被评选上市级、省级乃至国家级非物质文化遗产的民间文化，因为政府只注重"政绩"，忽略了在其评上"非遗"项目之后的继续保护工作，致使诸多"非遗"陷入了再一次的危机之中。在这方面，北辰区政府、北辰区文化局无疑传播了一份"正能量"。刘园村村委会、北仓镇镇政府、北辰区区政府对刘家园祥音法鼓老会在行政与物质上给予了大力的支持，每年各级政府提供的经费自是必不可少，老会每每组织大型活动，各级政府官员必亲临现场给予支持。老会的兴盛和发展，尤其离不开其所属的各届村党支部和村委会的

冯骥才先生与天津大学冯骥才文学艺术研究院师生于鼓箱前合影

领导，各届村领导都十分理解全体村民对法鼓的爱，把支持法鼓会活动作为一份应尽的职责。村委会对于老会的传承特别重视，在会服、会具、会所、会费，乃至组织发展等诸方面都给予了关心和支持。每次出会，村干部都与法鼓会一起商量、研究，提前帮助解决问题，排忧解难。凡是法鼓会的重要活动，村干部都会同往，负责组织和安全保障工作。2007年，村里进行"平改"，会员居住分散，又没了会所，给法鼓会的出会带来不小的困难。在上级的重视以及广大村民的帮助下，会员们方得以在租用的临时会所里开展活动，从没有一次间断。在搬迁至刘园新苑后，一时间会所无法得到保证，村委会出面将小区内的几间平房赠予了老会，并在老会提出赠予的房间容量不够的时候，将原先存放清洁用具的房间再次赠予老会。实际上，村委会之中也有不少是老会的会员，掌握着法鼓的某种技艺，当老会出会需要人手时，就算是书记也可以随时"换身衣服就上场，抄起家伙就打"。正是由于各方面的大力支持才促成了如今老会健康有序的发展。

曾经的刘园村，参加法鼓会是唯一的娱乐活动，但在飞速发展的今天，电脑、电视对于年轻人的吸引力，特别是对于小孩子的吸引力之大，使得诸多老会只能"望人兴叹"。为了吸引更多的会员加入老会，学习法鼓的演奏技巧，老会的会员们可谓绞尽脑汁。2006年，由村里出资，法鼓会承办，集中利用一个多月的时间，由老会会员传、帮、带，培养出了"80后"与"90后"共20余名新会员，不仅为法鼓会输入了新鲜血液，还给老会的传承带来新的希望。法鼓会利用每年农历腊月的晚上，不断培养新人，巩固和提高他们的表演技艺，以避免老会在传承上的青黄不接。会员们还从长远打算，从孩子抓起，经常利用周五、周六晚上的时间培养小孩子，其强烈的声响十分吸引小孩子的注意力，耳濡目染自然容易使其对法鼓产生浓厚的兴趣，逐步为老会储备力量。刘园村的村民悉数搬至刘

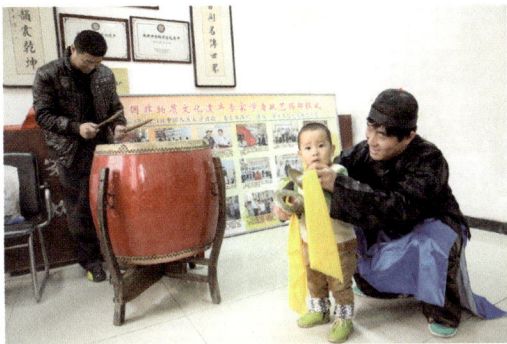

配合着鼓点，副会长王旭教儿子敲镲铬

园新苑社区后，得益于刘园新苑社区良好的氛围，每逢学生们的寒暑假期间，会员们都会组织短期培训班，将法鼓的技艺传授给刘园村年轻的一代，并且这已经成为刘家园祥音法鼓老会新的传统。同时，为了鼓励孩子们多来学习，会员们还想出了各种各样的办法，比如针对目前的小朋友都在上小学或即将上小学的情况，以及他们的性格特点，会员们在培训班中为每一位参加培训的小朋友准备一个精美的书包，并在上面印上"刘家园祥音法鼓老会"的字样，这样小朋友们既能有新的书包背，满足了他们的心愿，同时也能对刘家园祥音法鼓老会起到宣传作用。

　　这个会再好，再古老，声望再高，人死了不行，没人会操作，等于零。在这方面，村里支持办班，前两年的时候办了两次班，孩子们放寒暑假的时候，有老会员，有教钹的，有教铙的，主要这两个乐器，由爷爷领着孙子，爸爸领着儿子到会所来，报名参加，培养了二十多岁的一批人。我们准备今年寒假接着办班，不但今年寒假办，每年寒暑假都办，规模不限，有十个人办十个人的，有二十个人办二十个人的。过去小女孩很少参加咱们这个会，现在不分男女，只要爱会的都能参加。[1]

这种不断迎合时代的需求的想法与做法，使得老会在今时今日更具有魅力与吸引力。

　　民间文化的传承往往依靠口传心授，当艺人因故无法对下一代传授技艺

1. 采访对象：王振东；采访时间：2013年10月25日；采访人：路浩、史静。

的时候，因为缺少文字与影像资料，往往会导致该项技艺的失传。同时，因为民间文化生于民间，长于民间，民众很少会有意识地将民间文化从生发至今所经历的事项，包括其所依附的社区，以及社区中的人、事等要素记录下来，这种"档案意识"的欠缺也使得在我国在由农耕社会向工业社会快速转型的过程中，大量的民间文化在还未被广泛知晓的情况下便凭空消失。刘家园祥音法鼓的会员们意识到了档案工作的重要性，购置了摄影机、电脑、档案柜、相册等，用来记录和保存各种各样的资料。在北辰区文化局退休老干部纪宝忠的带领下，收集老会旧时的各项资料，分为文字、照片、录像等几种，由专人负责整理归档。

刘家园祥音法鼓老会能够形成如今的规模，其较好的传承是偶然与必然共同缔造的结果。刘园村搬迁的政策使其传统社区的模式并未完全解体，这是相对偶然的因素。但偶然的因素也必须与老会会员对于刘家园祥音法鼓老会深深的热爱，以及各级政府对于老会人力、物力、财力的支持等因素结合起来，才能够形成必然，才能够顺利地传承至今。刘家园祥音法鼓老会的传承如此有序，各级政府的支持与保护是其必要条件，其在村民心中神圣的地位也是其中的重要原因。刘家园祥音法鼓老会的会员们表示，今后要做好"六个传承"：一是做好会规（基本素质）的传承；二是做好鼓谱、曲谱的传承；三是做好表演技艺的传承；四是做好舞蹈动作的传承；五是做好全部会具的传承；六是做好文字、录音、录像、照片等档案的传承。同时，在传承上要调动全体会员的积极性，充分发挥老会员的作用，人人都发挥一技之长，人人都为会里贡献力量。实际上，刘家园祥音法鼓老会的传承模式对于文化工作者在未来的"非遗"保护工作中具有相当重要的指导意义。我们有理由相信，刘家园祥音法鼓老会在多方共同努力下，一定会如老会会员所说的那样，再传承一百年也没有问题。

2013年10月13日，"当代社会中的传统生活"国际学术研讨会于天津大学冯骥才文学艺术研究院开幕。在原计划中，主办方邀请了包括刘家园祥音法鼓老会在内的几道老会在学院门外为到场的来自美国、英国、韩国、日本以及国内的各位专家学者进行表演。可惜天公不作美，当天早上阴云密布，下起了大雨，打乱了既定的方案，老会只能在学院一层的甬道中作简单的设摆与表演。尽管如此，老会的会员们仍然在略显狭小的空间中卖力敲奏，表演者的情绪通过震天的声响得到了宣泄与表达，让所有的专家学者与在场观众深深感受到了刘家园祥音法鼓所带来的震撼人心的力量，深深领略到了法鼓艺术的魅力。

2013年10月13日，刘家园祥音法鼓老会在天津大学冯骥才文学艺术研究院大楼内的表演

第六章

传承人口述

一、刘家园祥音法鼓老会会长刘玉新

　　我叫刘玉新，1971年1月24日出生在刘园村。1980年恢复民间花会，就把过去的老东西，鼓箱子啊这些老会具全都弄出来，整个过水擦，完了又刷漆，我那时候就参与到会里，最开始打小镲铬，等到大一点，到1986、1987年的时候开始打钹，经过一段时间的锻炼，到九几年出会的时候就开始摸鼓敲鼓，一直到现在。小时候会所就在家门口，晚上一开门一敲鼓，听到鼓音就跑过去，后来都有点入迷的样子，吃饭的时候耳朵里响起鼓音了，撂下碗筷就跑到会所，结果发现还没开门，一个人也没有。

刘家园祥音法鼓老会会长刘玉新

　　小时候有师傅一对一地教，一个打鼓的，一个打镲铬的对着打，慢慢就学会了。那阵儿跟老会员一起敲镲铬，我能敲下来他还敲不下来，但是能敲下来也不让我去，嫌我岁数小。敲镲铬是最基本的，儿童打小在鼓跟前听鼓点嘛的也有"耳音"和记忆。鼓和镲铬没有谱子，全靠耳朵听。学打钹的时候先敲点，不练动作，点熟悉好了，才能加上耍的动作。学习的时间分人，听的时间长、耳音好的学得就比较快。过去会所里的黑板上有谱子，站在对面看着黑板那么练，钹有钹的点，铙有铙的点，要对着打，不会的时候抬头看打到哪儿了，这样慢慢练熟了以后才能开始练动作。

各道法鼓会谱子念法都不一样。我们这儿铙的符号是"○"，念"仄"，钹的符号是"×"，念"恰"。比如《拨动子》，钹先开，"恰恰　恰恰仄恰仄仄恰　仄仄仄　恰仄仄仄恰仄仄仄恰　仄恰　仄恰　仄仄恰　仄恰仄恰仄仄恰　仄仄仄　恰仄恰　仄恰仄恰仄仄恰"。过去打钹的站这头儿，打铙的站那头儿，看着黑板一下一下地敲。谱子里面的点表示顿一下，中间没有点是连着的，现在写的谱和过去也不一样。"‖:"和":‖"之间代表一个段落，打第二番的时候从"仄仄仄　恰仄仄仄恰仄仄仄恰"开始。念谱的时候有韵味，敲鼓的时候才好敲。符号中间的横线表示拉长，比如"恰恰—恰恰"，也就是中间的节奏稍微长一点，念的时候要空出来。

《叫门》的念法是"恰是恰恰仄仄恰　仄仄恰仄恰　仄仄恰　仄恰仄恰仄仄恰　仄仄仄　恰仄恰　仄恰仄仄恰仄仄　恰仄仄　恰　仄恰—恰仄　恰　仄恰—恰仄　恰仄恰仄　仄恰仄　恰恰—仄仄恰仄　恰恰—恰仄恰仄　恰仄恰仄仄仄恰仄　恰仄　仄恰　恰仄恰仄"。这里面有一个重点，铙（代表铙的符号）下面的横线表示钹跟铙重合的一个节奏，有钹的音也有铙的音。打第二遍的时候开始有动作"砍叫门"。名字就是老一辈传下来的，主要就是"骑马蹲裆式"，过去讲叫"托塔式"。比如说"仄仄仄"，就要准备，"恰仄恰"就要保持托塔式不动。后来我们村里有一个老前辈就给加了点动作，表演起来还好看，就变成了现在这样。"恰仄恰"的时候下半身保持不动，上半身还要有"过脖"，手腕还要抖着钹，看着漂亮，就这么打。铙在这段里面是没有动作的。

《绣球》的念法是"恰是恰　恰恰仄　恰　仄仄仄　恰　仄仄—仄仄　仄恰—恰仄　仄恰—恰仄　仄仄仄恰仄　仄仄仄恰仄　仄仄—恰仄仄仄　仄仄—恰仄仄仄　恰仄仄　恰仄仄　仄恰仄仄恰仄仄"。两个"恰"音有两个连续的双钹斗的动作。最容易区分不开的就是《绣球》和《拨动子》，因为什么呢？因为开的钹点都是四下，但是节奏不一样，《拨动子》的后面是"仄恰仄仄恰"，《绣球》的后面要加上双钹斗，这段就没有，打不开就容易打乱套了，"恰　恰　恰恰仄"后面的"恰"必须马上跟上，不跟上就变成那个（《绣球》），动作就上去了。过去只敲三套，后面两套不总敲，五套加一块时间得将近四十多分钟。只有坐敲"歌一套鼓"的时候再把后面两套加上。

只有《对联》是铙先开的，念法是"仄　仄　恰仄恰　仄　仄　恰仄恰　仄仄恰　仄仄恰　仄恰　仄恰　仄仄恰　恰仄—恰仄　仄恰—仄恰　恰恰—恰恰　仄仄　仄恰恰　恰恰—恰恰　仄恰—仄恰　仄恰仄仄恰仄恰　仄仄恰　仄仄恰　恰仄恰仄仄恰"。《对联》中的动作是"纺车子"。

《凤凰单展翅》也是钹开的，念法是"恰　恰　仄　仄　恰　恰　仄　仄　恰仄恰仄　恰仄恰仄恰仄仄恰　仄—仄仄恰仄恰　仄—仄仄恰仄恰　仄仄恰　仄仄恰仄恰仄仄恰　仄仄仄—仄仄　仄恰恰　仄—仄　仄恰—仄恰　恰恰—恰　仄　仄　仄恰恰　恰恰—恰恰　仄　仄恰仄恰仄仄恰"。现在的谱子重音的部分都是新加的，以前的念法和现在的不一样，怕新学的不知道就又加上了。

曲牌的名字都是过去从寺庙里传下来的，但是代表什么意思咱们还不知道，会里的老人也不知道。钹和铙有阴阳之分，钹是阳，铙是阴。

首品是最基本的，也是最不好学的，因为首品没有谱子，这五套家伙一套也没有，小镲开，铛铛，也有鼓，就这三样。有时出全会的时候钹、铙也跟着敲。过去首品都是靠耳朵听，就这么传下来的，一直到现在。

这也惦着说要给它捯（整理）出来，写成文字，给小孩儿们看。以前也有捯过这个的，但捯着费劲，一两个人弄不了，钹、铙都得在跟前儿，旁边还得有人记，不记的话要是有重合点也麻烦。首品包括《垛子钹》《反鼓》《紧扣》《搓鼓》《六角钹》《前三垛》《后三垛》《刹轮子》《叫三点》《刹鼓》十段，现在让我背我还真背不下来，但是让我敲没问题。过去法鼓会的老人记得这十段鼓谱的就很少，学这个没点能耐的谁也不让你摸鼓，后来这玩意儿也就没人说，现在能说下来，但是具体的位置我们也在一点一点捯。能确定的改点的是《垛子钹》，比如上擂之前改点就叫《垛子钹》。《搓鼓》是上擂的开始，节奏不能一下就上去，要慢慢压住，逐渐地加快。有的老人打鼓特别急，耍钹耍铙的都跟不上。《刹轮子》主要是阴鼓，从鼓边一点一点往鼓的中心走，然后再回来，再围着鼓中心往边上返三圈到四圈，《刹轮子》主要是听铛铛。《刹鼓》就是收点。

每次出会之前先哨鼓，集中会员，告诉他们过来要表演了。用单鼓楗子"咚咚咚咚的……"地敲。常行点也是用单鼓楗子，敲"咚咚咚　咚咚咚　咚咚咚咚　咚咚咚　咚　咚　咚咚咚咚"这样的点，挑茶炊子走步也是按照这个点走。有的人习惯用右手就拿右手敲，左撇子的话就用左手。

打鼓分单点和双点。单点也就是不加嘟噜，打得比较单一，加嘟噜等于加点，听着更为圆润。学的时候一开始都是打单点，练熟之后慢慢往里加。加嘟噜就是加点的意思，加点呢还不能乱。打鼓跟唱歌一样，该重的时候重，该轻的时候轻，该加点的时候加，不该加的时候不能加，该打边鼓打边鼓，该打中心打中心。轻重缓急都得有，要有层次，鼓（音量）一下来，钹铙也要下来，鼓一重了，钹铙也跟着使劲，这样听着好听，尤其在远处听，越听越好听。要有音乐的乐感，听着要有美感，老一个劲地"咚咚咚咚"没有感觉，没有鼓的韵味。过去打鼓，魏五爷是用大拇指和食指捏住鼓槌，那个叫"弹鼓"，我们都把鼓槌攥实了，整个胳膊使劲，打完满脑袋冒汗。

二、刘家园祥音法鼓老会第三代传承人魏祥云

我叫魏祥云，今年90岁，是我们这小村岁数最大的，村里还有五六位八十多岁的，百八十位六七十岁的。我家好几辈一直住在刘园，过去就是受大累的，没有园子，也没有地。当时主要就是打短工，干个十天半个月，没有活了就做点小买卖。我也跑过菜船，去河北金刚桥卸货，用船送到市里，天天去送。我的父亲、兄弟都在刘园法鼓，我（打）钹、铙都行，八九岁的时候开始敲的小镲，慢慢敲大镲、铙、钹。我这一代人有几位打鼓好、打钹好的，但都已经不在了。

刘家园祥音法鼓老会第三代传承人魏祥云

刘园法鼓有一百七八十年了，我的上一辈那时候就有这个，现在实际有多久历史了我也不知道，我父亲那辈说得上来，现在在世的话也得140来岁了。老一辈说刘园、杨庄子、狮子林桥旁边的一个会是一个师傅攒的，其他的各有一个师傅。会所原来在老村里，这个村现在叫刘园，原来叫刘家园。这个村的历史我说不清了，听老人说过是山东人过来在这里开的园田种点地，人多了就成村子了。以前咱们这有北运河，有个码头，从这去北仓就需要摆渡，解放之后才修的桥。出会的时候会里的东西都放船上去。

会所早先就在老村小平房，会具都在那里存着。原来刘园有大户人家，人家有钱有地，家里不搁这些东西，搁这些的都是受累的人家。会具

里面有个黑鼓，那个黑鼓我都不知道什么时候有的，就知道日本兵来的时候，那个鼓有内胆，哗啦哗啦响，日本人说里面有东西，就拿刺刀扎一窟窿，然后那个黑鼓就被破坏了。那个黑鼓是最好的鼓，现在那鼓皮可买不到。会里的这些东西有老的，还搁着呢，怕老的再坏了没有样子雕刻了，都照下来现刻了一套新的。

会没有什么唱词，就是耍钹铙，鼓有二尺的，有一尺八的，也就是65公分，是牛皮的，平时练习也用，用完了就放起来。钹和铙以前得5斤来重，40来公分，紫铜制的，现在年轻的耍得费劲，于是就改成4斤，鼓楼就有卖的。好多八九岁的小孩也在学，打镲铬，寒暑假的时候练练。他们都是会里的孩子，家长都会，这里上点岁数也都会，都能教他们。我以前学法鼓的时候就打这么大的小镲，这个打会了再换大的，四五十岁的时候还敲，这个钹不光敲还得耍，但现在敲不了了。

法鼓出会在正月里的时候多。正月初二、正月十五都是出会的日子，年前不出会，年后才出。年前区里通知有节目才出去，没节目就不出去了。北仓镇有药王爷庙、娘娘庙，除此之外，农历三月二十三还上市里娘娘宫那儿出会。过去出会都得挑着走，现在有车了。出会时间要看去哪儿，要是北仓随驾的娘娘就得一天一夜，白天睡觉晚上出会。我们这个会要拜庙，到哪儿有庙就得拜，在庙前面必须先打一套家伙，拜拜庙不出别的事。刘园的庙叫普济寺，原来都有佛像，新中国成立后都拆了，砖都扔河坝里了。现在还拜庙，庙原址在哪儿都知道。但除了娘娘出巡要烧香，平时不烧。

出会时会具的顺序，第一是门旗，之后是高照，然后是灯牌，再然后是软硬对儿，再然后是点心挑子、八角盒子、样筲、茶筲、茶炊子，后面就是鼓、铙、钹，铛铛和镲铬在鼓的两边，如果黑天了就是九莲灯。北仓花会多了，有一村就十六档子会。有出来的，也有出不来的。出不来的是因为年轻的不会，老人也上岁数了。刘园就这档子会，占人，这些东西没有一百来人出不去，现在也得这么多人。

出会的时候谁干什么都是有次序的，谁玩哪样会头都安排好了，敲钹的就敲钹，敲铙的就敲铙。拿打鼓说吧，那时王大爷、丰大爷，这些是鼓头，他们都行。打钹的还有我父亲，打铙的还有钱大爷。当初练的时候人家经过师傅传的，他们再教村里的人。要说敲得好，敲得有姿势，人家敲出来乱不了，要是钹、铙、镲铬、铛铛一块儿敲，到时找不到"扣子"就乱了，必须打哪套点都得一样。打头钹、头铙的都是老师傅，人家开什么底下打什么。丰大爷那会儿11岁，个矮，还够不到鼓，得带一板凳。1936年天津市出皇会的时候，丰大爷打鼓，我大爷、我父亲他们都打铙。那个时候打鼓的，四五个铛铛过来跟你一起敲，看你会不会乱，要是乱了证明你不行。要说鼓还得说丰大爷，人家鼓乱不了。

以前做会头要态度好、脾气好，对咱们的东西爱护，再一个多受累，不计代价。会里的会员都不拿工资，过去东西坏了，玩儿会的受累的人去买，大伙添钱。入会没有年龄限制，也没有地域限制，哪儿的人都能学，哪儿的人请会我们都会去。出会的时候铙、钹开什么鼓就打什么，钹一开就知道哪套，下面镲铬、铛铛就知道哪套跟着走。《对联》就是铙开，要是其他几套就是钹开。当然也许人多了就九副钹、八副铙，人少了也许剩五副钹、四副铙，跟着人走，但钹要多一副，铙少一副。还有一个打横头的，在对着走的时候，比如七副钹、六副铙，铛铛就在横头上。

五种乐器里面鼓最重要。鼓得听钹、铙的，钹、铙开什么家伙，鼓跟着打什么。曲牌有《对联》《绣球》《拔动子》《凤凰单展翅》《叫门》，这五套打完了得40多分钟，要是打一套就不算时间了。出天津皇会就要敲全套，走马路上敲常行点，哪儿有截会的就在哪儿打一套短的。到北仓镇一个村那儿要打一套，都是玩会的，放鞭炮就算截住会了，按照礼法要打一套。

三、刘家园祥音法鼓老会第四代传承人田文起

我叫田文起，1947年生人，今年60多岁。出生的时候娘娘庙就已经拆了。娘娘庙出巡呢，就是正月十四、十五、十六，正月十六那是最热闹。到那儿设摆，完事晚上再行会，灯彩儿上去，算上小孩儿们得够120人吧，晚上得到一两点钟回来。

那时候就是要钱没有钱，到要行会的时候了怎么办呢？上岁数的人组织去化缘，米啦，面啦，钹缨子啦，还有洋蜡……这都是要置备的，娘娘出巡那天早晨，在家里头吃完饭，就能行会了。那时候刘园村里头也就

刘家园祥音法鼓老会第四代传承人田文起

四五十户人家吧，不多，扛前场的得外面雇人去，要给顿吃的，打钹、打铙的都是咱家的人，扛小旗给维持秩序的也都是咱家的人。那时候小孩儿们扛40个凳子，干嘛用的呢，就是为咱会里的娘娘出巡在那坐敲弄的。这40多个小孩单另有一个人维持着，就是哄他们，要不给块糖吃，或者给点点心吃，就是这个意思。我等到八九岁开始扛凳子，我们这帮小孩儿们饿了要东西吃，要是不给就把凳子扔了，弄到一点来钟，一天的时间啊，小孩儿们也是够累的。就这样一点一点把这个会给出来了。我那时候不爱扛凳子，但是打个小镲还挨不上。

1956年以后呢，这个会也不抓了。敲大鼓的赵晓峰赵大爷，1960年去世的时候，大伙敲着（法鼓）给送个行，这一敲呢好像有点不熟似的。

1962年我就敲大家伙了，那阵老人们教我。1964年"四清"的时候，有人说："你们敲这玩儿干嘛？你们斗法！"他不懂，就说这是带法的玩意儿，斗法就是迷信的意思，然后就不敲了。后来赶上"文化大革命"就给停了。等到1980年文化局就开始抓这些了，又告诉我们出吧。丰五爷这帮上岁数的组织，晚上在大队里头收拾歌谱，开始练。出会那天，天津市哪道会都没出来，就刘园法鼓出来了。我跟现在80多岁的石大爷一起弄了些会具，将将凑起来。等到下午呢，点上灯，茶炊子一挑，（法鼓）喤喤一敲，观众们"哗"地一鼓掌啊，就算是落好了。1980年到1984年生产队攒人出会，一队凑几个人，打家伙的人哪个村的都有，把他们（的名字）记下来，前场的人，也就是扛会具的，就是生产队派了。1984年以后就不派了，主持会的这些人就操持着，拿喇叭喊也好，通知也好，把这些人集中到一起，然后呢，一个一个都安排好了。这是出会前期做的工作，必须得把这些人给定下来。最后给20块钱补助吧，就是这个意思。打家伙的不够了怎么办呢，就得骑车在村里挨家挨户地找人，有些人请不下假来，还得上厂子里给请假去，不然这没法出啊。现在呢，就是刘会长和郑会长、王会长负责了。我们是第四代传承人，现在腿脚也不行了，他们是第五代，第六代还没定下来。

过去的东西搁在小庙里，五仙庙有个地窖子，就在咱那大桥的下坡那儿。过去有白抬会，就是嘛呢，我们村有个慈善堂，谁家老人死了，没有钱料理，有帮人就给抬走，白抬白埋，就是为穷主儿服务的，有二十来人吧。这帮小年轻的，晚上在这儿学习法鼓。咱现在的铜器，过去没钱，都是拿白铁，大铁片子敲着玩的。现在呢都是拿响铜的，花个百十块钱买一副，就那个时候（把法鼓）学习下来的。国民党和日本都没给祸祸，就是没给糟践东西，"文革"的时候把东西搁在一个私人的小房子里头，都插严了保存下来。

　　这些会具是一点点恢复的。刚接手的时候，灯牌快要散架了。现在的灯牌都是新的，鼓也是新的，老的都放起来了。过去我父亲、魏二爷、丰大爷他们拾掇东西，我小时候就看他们收拾，什么地方搁什么，我们小孩呢给擦擦东西。我父亲他们这拨人，铜器坏了，就上干铜活的家里头修理。现在没有这手艺人了，我就跟那儿一点一点弄。1980年到现在就没离开这个会。我从前在大队上班，本职工作完事就鼓捣会的东西，这样把会维持到现在。这老东西不像现在的，没事儿就坏，我就拿烙铁现粘现补。原来我们是从批发市场买蜡，点着之后冒着黑烟，俩小时三小时之后泡子里面整个黑了。我后来去北仓找，质量得保证好了，燃烧率得好，还不能弯，不能冒浓烟。这蜡质特别好，也不贵，几毛钱一根。现在出会得有专门的人换蜡，烧到底了，拿签子拨出来上新的。做蜡的那边也没有模子，为了适应灯口的大小，就要去掉一部分。娘娘出巡的时候，夜里到一点多钟，得换三四趟蜡。过去赞助我们，就说赞助一箱蜡，就为这弄的。出会出齐了得一百根蜡，三趟就要三百根，光挑子灯就五十根。

　　现在出会的时候，打钹、打铙的在哪儿基本上我就定下来了。扛前场的呢，好比我头一个叫门旗，之后就是高照、软对、硬对，都有秩序，那边引锣"当"一响，这边两人一抬，都站得特别齐走过去。敲的也是一样，各有各负责的玩意儿。这些都安排好了盯住了，咱就嘛也不管了。引锣有家族传承，负责咱队伍的行走，敲一下是走，敲两下是撂，和常行点配合，有点像过去吹口哨。会具的架子，不设摆不带着，它上面都写着数字，不会插乱。

田文起在2008年被评选为天津市非物质文化遗产项目刘园祥音法鼓代表性传承人

　　年后初六的时候要沿着这个小区走一圈耍耍，然后人家给赞助。会里的人安排好了，从哪儿到哪儿，跟引锣交代好了，就按这个次序走。过去摆个茶桌，点心盒子往那一搁，撂下镲，点心一吃，一道谢，完了。现在就是给钱了，赞助单位的钱给会里头购置点别的东西，我们给人家写个字表示表示，就相当于去北仓庙会之前，要给本村的人拜个年，给多给少的都随意，这也算是主要的一个资金来源。另外也有外村请会的，他给报酬，我们表演去。国家也批过一笔钱，咱就用来购置会具，培养新人。现在出一次会，如果不带前场，只是去表演，得四十多人，都在三到四千块钱；如果带上前场，得六十来人，那就四五千到五六千块钱。人家歇个班告个假，得给点补助。按出勤，平均一人分一点，当作补助，五六十块，六七十块钱，如果这天太累了，就一人一百块钱。

四、刘家园祥音法鼓老会会员王振东

　　我叫王振东，今年72岁。我是最老的会员，也是最新的会员。新中国成立前，从七八岁开始扛凳子，以后呢敲镲铬，1962年，丰振富正式收我为学员。为什么说是新会员呢？"文化大革命"之后，法鼓就断了，我那阵也挨斗，1970年左右就出村了，也就没有时间再回村练习。二十多年以后回来，正好赶上拆迁，会里面也在搞"非遗"（非物质文化遗产），这些个老会员，尤其田老爷就劝我回来，正好我也退休了，于是就加入会里，一直到现在。

刘家园祥音法鼓老会会员王振东

　　刘家园、王家庄、陶家花市，以前都带"家"字。因为在立村的时候就一户人家，就这么起名了。后来行政编制从简，就把"家"这个字都去了，家不能代表一个村嘛。因为咱们会早，那时候还没动了，就叫作刘家园。过去如果对这个村比较尊敬，必须带这个家字，现在都叫顺嘴了。祥音就是祥瑞、祥和、吉祥的意思。

　　过去有那么一句话叫"打一千，骂一万，不能忘了三十晚上这顿饭"。晚上12点，煮饺子吃。小孩们都不睡觉，精神大极了，回来就给家里老人磕头拜年。等于这就是初一了，又长一岁了，爷爷、奶奶、爸爸、妈妈，你给他跪在那磕头，之后长岁钱就给你。然后，天还不亮就出门，有岁数大的、岁数小的，老少几辈就开始挨家转。过年各家的门都不关的，一进外屋，佛龛都在外屋后墙的条案上，两个口袋搁在那让人家跪地上磕头。进来就给老祖宗们磕头，再给家里老人磕头。完事了这家的人也跟着走了，越走人越多，挨户拜，一直要拜到快吃晌午饭的时候。各家条件不一样，有的是灵牌（灵位），哪位祖宗，哪位先人，有他的名字。我们信佛的比较多，有摆菩萨的，还有挂像的。过去还得给娃娃大哥拜年，一进腊月二十三不就是小年了嘛，就得给娃娃大哥换新衣服，（意思就是）过年给改善生活了。吃饭了得先给大哥盛一碗，喝酒得给大哥倒一碗。到中午了，这一顿撤下去再给换，晚上也是一样，因为他是家庭的一员呐。有了他，后面才有兄弟妹子一大帮。村里也有生一个的，但是非常少。

　　"文革"之前，一到春节咱这个会就开始活动了。大年三十那天开始设摆，现在也叫布展。我们这个村不大，街也不太长，东西一条大街，倍儿直。会具按照排序从西向东摆。天黑了开始掌蜡，换蜡的来回来去走，发现蜡短了就换。玩儿会的，现在都叫会员了，吃完晚饭，把鼓搭出来，开始给军烈属拜年，那时候的场面相当和谐，相当热烈。到了军烈属家里，他们摆好桌子，摆好茶，放点烟，会员先给军烈属拜年，打一通，然后去下一家。这样一直得到半夜，都拜完年了，大家回到会所，一起玩儿到天亮。初一、初二、初三去拜年，回来以后就开始行会、出会。过去有区政府组织，一般中心会场在北仓小学那边，北郊区的花会都到那儿，集合以后依次在中心会场耍。北仓原来分为前街和后街，会道从小学校出来，沿前街向南走，到了李家打铁那里奔着后街一直到杨连弟他们家。这一路上，有截（会）的就撂下，人家到了后街紧北头了，天也黑了，就可以散会回家了，唯独我们一直要到杨连弟家。到他家大院以后，杨家大爷爷、大奶奶给我们准备点茶，我们灯彩儿也都掌上，在他家坐打，打"歌一"。打钹的坐方凳子，打铙的坐圆凳子，在他那边打全五套，完事儿已经九点多钟，全体行会的老少，百十多人，坐船过河，走回村里。那时候出会条件相当艰苦，全是靠步辇，多远的道都是靠腿走，不像现在有大货车。

这个五仙庙呢，肯定比会年头要长，我们每次出去，先在柳四爷这个庙跟前敲完以后我们才走。老爷他们负责上香，我们负责敲，就形成了一个民俗了，也是一种寄托。会跟着庙走，先有的庙，后有的会。头些年我们请了好多会上我们这儿来，他们也要先拜庙。韩家墅高跷会的那个会长姓杨，一听有庙，就告诉孩子们上腿子，拜完庙上完香，他告诉孩子们玩去吧，嘛事也没有了，就这么放心。现在初一、十五还有人来五仙庙，有好多传说，也邪乎着呢。其中有这样一个故事：村口有个大坑，坑上面就是庙。三几年闹大水，北运河的水一进来，慢慢涨到庙台上了。大家就想，柳四爷的像别湿了，我大爷和我爸爸就过去把柳四爷的像请下来，卷好了之后举着走，到一个旯旮给卷水里去了。后来（像）浮上来飘到岸上，发现柳四爷的像一点也没事儿。

再说说曹克忠的故事。曹克忠本来姓赵，刘园人。他家里养活不起，就跟了他舅舅，后来就去当兵了，成了晚清的将领，最后因为身体原因就还乡了。他对于这个会的贡献很大。过去大米很珍贵的，出一场会给一包大米。曹克忠有一个别墅，门口有一对狮子。传说漕粮到这儿要卸粮食，总发现这粮食的袋子啊被动物给破坏了，就告诉守夜的看看是什么给咱们祸祸的。晚上就看见从街里过去两个狮子狗，上去以后就连啃再咬，人家就跟着它走，到曹大帅公馆这没了，一看门口两个狮子。这曹大帅就急了，找石匠来把这一对狮子的牙都给除下去了，从此以后麻包就没有被祸祸过。我们在拆迁的时候那俩狮子还有，现在没有了，可能让人给偷走了。

这个会为什么能传承到现在呢？新中国成立以后区、乡、村都很支持，特别是村。我们村历任的领导对这个会都非常重视，这个会其实就是村里的。刘园村男女老少已经将这个会作为精神支柱，年底要是听不见鼓响，等于没过年。到现在可以说五世同堂。年龄最大的会员魏祥云魏四爷今年90岁，最小的会员叫刘向龙，今年（2013年）5岁，可是会龄已有2年多，现在已经开始学习鼓，因为打镲铙已经不过瘾了，前几天比划了小钹，也挺像回事的。另外呢，老魏家、老丰家、老田家功劳太大了。尤其是老田家，田文起接他爸爸的班，保护、修理、爱护会具，像老管家一样，一心扑在会上，心灵手巧，什么都会，不用再雇人，能省下好多钱。出会回来，会具有破损的以他为主，大家一起干。这三家的努力使得这个会撑到了现在，但凡其中一家含糊一点也撑不下来。另外还有一个特别重要的因素，就是培养年轻的传承人。这个会再好，再古老，声望再高，人死了不行，没人会操作，等于零。刘园的祥音法鼓，我考虑，一百年也失传不了。刘会长38岁当上的会长，这是国家级传承人里面年纪最小的，最大的王毓宝已经83了。三个年轻的会长贡献也很大，作为岁数大点的也是责无旁贷，帮助他们把这个会传承下去。

五、北仓著名民间艺人只生光

我姓只，叫只生光，今年已经70多岁了。我太爷北门里生人，后来我们搬到北仓来了。我从小就对民俗非常喜欢，而且对刘家园祥音法鼓情有独钟。我在1964年采访过当时已经85岁高龄的两位老人，一位是只在山，一个是董学起，他们都是光绪初年生人，亲眼看到了咱们这个老会的成立、发展。刘家园祥音法鼓成立的时间，有说是道光八年，有说是道光十年。据我现在的调研，很可能在道光十年以后。听老人们说，法鼓会健全于光绪年间，而且是光绪中期。

北仓著名民间艺人只生光

北仓有皇仓，叫仓廒。米、面运到这储存，然后用小驳船运往通州，供皇宫及北京京城吃喝用。现在仓廒没了，遗址还有，都变成楼房了，就是现在新华里那个小区。皇粮大吏在这任职，天津史鉴都有记载，非常详细。船对船，把江南的米运往这，供应京城的吃喝。河浅流急，大船走不了，从这换到小槽。所以历届的东顶庙会都有皇粮大吏参与，对一些老会也有支持。那阵在沽北——所谓的沽北就是打金刚桥往北，北运河这一带叫沽北——北运河两岸有四道法鼓，唯独刘家园祥音法鼓在河西，如果要参加娘娘出巡散福仪式，或者到河对岸北仓出会，需要用摆渡把所有的会具运往北仓。

这里要提到一个人，曹大帅。曹大帅是刘家园生人。1885年回刘家园以后着手盖自己的公馆，慈禧对他挺褒奖的，赐了一些东西。在那个时期，他是左宗棠的手下，干了不少公益善事，其中包括修缮庙宇。既然回到本村，他也资助了刘家园祥音法鼓。会具的健全时期是曹克忠退役以后这十年之内，1896年他就去世了。民国年间，有一位秀才是刘园的人，后来教了私塾，叫魏宗洲。这位老先生是清朝最后一代秀才，相当有名望，所有的会旗、大图，还有会具上的字都是他书写的，相当讲究。新中国成立以后，老人们都去世了，咱们描来描去把这字有点描走迹了。

在历史上，这道会因为在河西，需要参加所有的活动，过去叫出会、出巡、散福仪式，或者是踩街，或者是拜会仪式，得从本村把所有的会具用船行至东岸到北仓。刘家园村的几辈都是用摆渡接送民众、来往贸易，而且逢年、节假的出会期间，所有的会具用船运至东岸，最后是鼓乐，包括法鼓的鼓箱跟敲打的这些钹、铙等会具。船开始行是常行点儿，平稳、祥和的意思，船行至中心，敲上擂，也就是打到最高潮的时候。当时运河的水质相当清，顺着河堤上下传好几里地。那时候的运河两岸，若干观众都在看这表演，这也是过河期间这么一个仪式。我们这些老人，每次必站在河边看这种仪式，这是独特的，非常好的，锣鼓齐鸣，音律相当快，又是晚间，点着灯火，别有一番风景。在别处，这种情景是看不到的。在咱天津市也很少有这个，因为其他法鼓都是在岸上（敲），我就对这方面记忆犹新。

刘家园祥音法鼓在东顶娘娘出巡散福仪式上有会序可考。那时候存在的这些会，包括刘家园以及周围村的会，都要参加这个东顶娘娘散福的会道。北仓东顶娘娘的出巡散福的日期是三天，正月十四、十五、十六，正月十四是各道会对当地捐助的回谢，十五是在东顶娘娘前摆设，十六是出巡。十六的这一天上午，要在娘娘庙前摆设，各大老会的会具都要提前在那儿摆设，下午两点准时开始公祭，开始念公祭文，由镇里有名气的、有名望的、有功名的人主持。

刘家园祥音法鼓特别的地方，一个就是会具的原始性。老人们讲，在光绪年间，这些会具都健全了，而且在"文革"时期没有被毁坏，这都依赖于刘园村的众位父老乡亲。现在只有两三道会的会具还保留着，其中就包括咱刘园这一道。咱们老会那套东西保存了下来，挂甲寺庆音法鼓的会具能够保存下来了。到现在200余年，原原本本保存下来的会具很有历史价值。它被评定为国家级非物质文化遗产，就是符合材料当中要求具备的条件，所以我们更要想办法怎么样把它延续下去。

田文起是咱们会具的保管员，也是会里的负责人，岁数大了，保管会具的经验比较丰富。因为他从小就玩这个，对于怎么样修缮、保存、码放，以及出会时所有会具的安装很有经验。这道会是靠村民公益性的资助建立的。我们家原来做铜器手艺，到了爷爷辈的时候也做白铁什么的，那时候跟他们的关系相当好。田文起的父亲，临到年底左右，就把全会敲裂的铙、钹拿土篮子送来，我的祖父就公益性地白给修理，比如甋个眼儿，把裂的地方打个豁口——把裂的那地方打个眼儿，就不会再往下裂了，抓紧在年前把这都给弄出来。这样使得有些锈的、残缺的铙、钹还可以继续使用，而且声音如故。在当时那个条件下，我父辈跟刘园法鼓的这些老人关系都相当不错。怎么个酬谢法呢？就是在节假日出会的时候，到了我们家门口，就给耍一场，来回谢我的爷。

附录一
刘家园祥音法鼓老会已故传承人简介

第一代传承人：王有林

王有林老先生是祥音法鼓会第一代传承人，清代加入法鼓会，是早期的会员。他学习打鼓非常用心，不仅牢记鼓谱，而且在演奏中精益求精，不断追求完美。鼓谱的十个小节怎样打好，他都认真琢磨，花了不少心思，在不断的演奏中提高打鼓技艺，达到了很高的水平。百姓说，听王先生打鼓特别过瘾，让人回味无穷，民间还留传着一句名谚："王先生打鼓——点儿来了"，可见其技艺之好、知名度之高。他老人家是北运河两岸最受广大群众崇拜的民间花会老艺人。

王老先生还教育并影响着家人参加会里活动，他的二儿子王立奎是位盲人，最爱听父亲打鼓，又聪明，在父亲的鼓励下很快就学会了打鼓，常在村里活动时敲上几场，很受观者好评。后来，王立奎又把鼓艺传给侄儿王子才，当时，王子才八九岁，王立奎手把手用筷子敲盘儿教他练习。如今王子才已年过花甲，是"津门鼓王"，会里的第四代传承人，还被天津市广场艺术联谊会授予"天津市民间艺术家"称号。

王老先生一家三代出了三位有名望的鼓手，他的二孙王子清是优秀铙手和镲镲手，五孙王子武是优秀的镲镲手，也被评为"天津市民间艺术家"，六孙王子泉也常参与打钹表演，一家三代多人都为法鼓会做出过贡献。

第二代传承人：赵晓峰、丰奎

赵晓峰老先生生于光绪元年（1875），是祥音法鼓会老前辈中三位著名鼓手之一。赵老先生为人谦和，做事稳重，热爱关心老会，只要是为老会的事，他都乐于去做。在老人家担任会头期间，有人提议说会里的牌匾和会具上的文字需要更新，赵老先生就主动邀请本村的魏宗洲先生帮助。魏先生是人人敬慕的清朝最后一代秀才，写得一手很好的隶书，书写后，牌匾、会具焕然一新，精美的书法也给老会增添了一道亮丽的风景。会里添置会具需要去上海购买，他老人家都会主动地联系自己在上海的亲属，让他们照顾好老乡，并作好向导，帮助购买，从来不嫌麻烦。抗日战争时期被日本兵用刺刀捅破鼓皮的那面鼓，就是赵老先生的亲属帮助会里购买的。赵老先生爱会、助会的好事很多，他老人家的爱会精神一直被人们传颂，并影响着后人。

丰奎老先生生于同治末年（1874），自幼喜好打鼓，十来岁就能上场演奏，家乡父老都对他赞不绝口，有的百姓还把他比作神童。一个年少儿童能熟记很长的鼓谱和所有曲谱，并把每套曲谱都演奏得十分精彩实属不易。老先生最大的特点是心理素质好，当年虽然年少，上场不慌，遇到什么情况都能应对。一次去市里出皇会时，六道法鼓相聚，二十四把铙钹震耳欲聋齐奏时，又面对万众欢腾的热烈场面，但他镇定自若，鼓点清脆不乱，技压群芳，出类拔萃，赢得观众喝彩和高度好评。当时，丰老先生年仅12岁，自此，他和祥音法鼓享誉运河两岸并叫响天津。

在他的培养、教育下，两个儿子丰振贵、丰振富都成为会里的优秀鼓手和第三代传承人，其长孙丰云喜在家庭的影响下，成为会里优秀的铙钹手，并被天津市广场艺术联谊会授予"天津市民间艺术家"称号。后来，他的重孙丰硕小朋友也成为会里的小镲铬手，虽然年仅八九岁，却是有着两年会龄的小明星。老少四代多人都为会里做出不少贡献。

丰老先生的听力很好，他上年纪以后，仍然热爱劳动，并在劳动的同时，能听出会里是谁在打鼓，哪儿打得好，哪儿打得有毛病，都及时给予点评、指导，帮助鼓手进步。他对儿子要求更严格，一次，其小儿子丰振富不慎打错了一个鼓点儿，被老人家训斥得无地自容。从那次以后，丰振富更加勤奋努力，打鼓时特别认真，再不敢出半点儿差错，鼓艺越来越好，后来成为会里打鼓最棒的人。

第三代传承人：丰振富、丰振贵

丰振富先生1930年生人，是第二代传承人丰奎的小儿子。他从小就跟父亲学习打鼓，坚持不懈。父亲是个严格、认真的人，而丰先生又勤奋好学，勤于动脑，鼓艺不断提高，但是，他并不满足，鼓谱的十个小节怎样打才好？小节之间又怎样巧妙连接？节拍怎样打才能打得准？音色怎样打才能好听？演奏速度的快、慢、缓、急怎样才能把握好？与"头钹"、"头铙"怎样配合默契？具体到每一个鼓点儿怎样打才恰如其分？丰先生都有自己独特的见解和经验。1980年天津音协、天津电视台多次来村录音、录像，把刘家园村祥音法鼓定为"天津法鼓"，并作为民间艺术音乐资料编辑成教材永久保存，还通过电视媒体在全国播放。当时，就是丰振富先生亲自打鼓。丰振富先生是会员和村民最赞赏的鼓手，他不打单点，在演奏中加嘟噜，效果非常好，得到家乡父老和民众的赞扬，说他青出于蓝而胜于蓝，是老会中打鼓最棒的人。

改革开放后，重新组织法鼓会活动存在很多困难，丰振富先生义不容辞地接受村里委托，担任会头，带领大家克服困难，使法鼓会很快恢复起来，越办越好。每次出会，如会员不齐，他就亲自去会员家里好言动员会员参与会里活动，会员在工作单位上班，就请村领导帮助给会员请假。每年的腊月到转年正月是会里最忙的时候，他就住在会所不回家，连吃饭都让孩子给送，一门儿心思为法鼓会做事。

平时，他对会员都很客气、礼貌，但是，出会时丁是丁卯是卯，对会员严格要求，谁违犯了会规或因走神儿敲错了点儿，他绝对不讲情面，进行严厉批评，大家都知道他对事不对人，都是为会里着想。青少年向他学习打鼓，他都耐心指教，从不厌烦。

丰振贵先生生于1924年，是第二代传承人丰奎老先生的次子，是丰振富先生的二哥，父子三人都是传承人，都是优秀鼓手。丰振贵先生学打鼓是祖传的，由老父亲传授。丰先生比较耿直，不学好打鼓决不罢休。他还是会里优秀的铛铛手，是位多面人才。鼓手多，他就谦让别人去打鼓，自已去打铛铛，从不因为演奏哪种乐器与会员发生争执。他还特别乐于助人，帮助会员提高演奏技艺，对会具也关心爱护，经常主动整理、安置存放。尤为可贵的是，谁担任会头他都服从管理，听从指派，还主动为会里提合理化建议。在丰先生的的影响下，他的长子丰云喜跟他一样是一个直爽、能干的人，一心一意为会里做事，不怕苦累，是会里优秀的铛铛手，还被天津市广场艺术联谊会授予"天津市民间艺术家"称号。丰先生的孙子丰硕，今年才六七岁，也是一名优秀的镲铬手。丰先生祖孙三代都喜爱法鼓艺术，全家人都很支持。

附录二
刘家园祥音法鼓老会代表性传承人谱系

代　际	姓　名	出生年月
第一代	王有林	1829年—1924年
第二代	丰　奎	1874年—1970年
	赵晓峰	1875年—1961年
第三代	丰振贵	1924年—2010年
	魏祥云	1924年至今
	丰振富	1930年—1993年
第四代	田文起	1947年至今
	王子才	1955年至今
第五代	刘玉新	1971年至今
	王　旭	1983年至今
注：以上均为男性		

附录三
刘家园祥音法鼓老会会员状况表

姓　名	擅长乐器	职　务	年　龄
刘玉新	鼓、钹、铛铛	会长	43
王　旭	鼓、钹	副会长	29
张英会	钹	副会长	34
张振贵	鼓、铛铛		71
王子才	鼓、铙		59
魏祥云	铛铛		90
丰云喜	铛铛		64
王子武	铛铛		66
王中元	铛铛		62
田文吉	铛铛		75
王振东	铛铛		72
刘士旺	钹		53
王宝平	钹		49
杨志忠	钹		66
刘士远	钹		51
沈建秋	钹		36
王　杰	钹		35
李　根	钹		29
张　顺	钹		28
郝天磊	钹		21
孙　伟	钹		25
田文起	铙		67
张家禄	铙		73
沈鸿琳	铙		68
刘　顺	铙		33

（续）

丰春林	铙		35
刘晨光	铙		33
张学辉	铙		26
李立申	铙		22
张 全	铙		22
王 东	铙		20
田建新	铙		29
王 琛	铙		38
刘向龙	镲铬		6
张胜卓	镲铬		10
丰 硕	镲铬		9
刘建红	镲铬		10
邢 欣	镲铬		10
王诗佳	镲铬		10
李广兰	茶炊子		76
田文财	茶炊子		74
王文成	茶炊子		60
田永顺	茶炊子		52
王志春	茶炊子		56
沈建明	茶炊子		52
王桂春	引锣		61
王文贵	二锣		57

注：不包括前场人员、服务人员；47人包括中老年（60岁及以上）15人，占31.9%；中年（40至59岁）9人，占19.1%；青年（18岁至39岁）17人，占36.2%，儿童（5岁至17岁）6人，占12.8%。

附录四
刘家园祥音法鼓老会器具遗存登记表

名　称	数　量	单　位	规格（厘米）	年　代	用　途
高照	4	个	总高256	近200年	仪仗/照明
小软对	1	副	总高171	近200年	仪仗
大软对	1	副	总高176	近200年	仪仗
小硬对	1	副	总高220，宽38，厚18.8	近200年	仪仗
大硬对	1	副	总高230，宽37，厚20	近200年	仪仗
小灯牌	4	面	总高208.5，牌长80，宽54.5，厚16	近200年	仪仗
大灯牌	4	面	总高211.5，牌长81.5，宽58，厚16	近200年	仪仗
圆笼	1	副	高55，直径58	近200年	盛糕点
八方盒子	1	副	高64.5，对面宽60	近200年	盛茶具、梳妆品等
软茶笥	1	副	总高91，笥高45，直径45	近200年	盛水
硬茶笥	1	副	总高92.5，笥高42.5，直径40.5	近200年	盛水
软衣箱	1	副	高65，长65.8，宽44.2	近200年	盛衣物
硬衣箱	1	副	高62，长66，宽45	近200年	盛衣物

（续）

软样笀	1	副	总高95，笀高45，直径39	近200年	展示
硬样笀	1	副	总高106，笀高51，直径44.5	近200年	展示
软茶炊子	1	副	高88，见方64	近200年	烧水/照明
硬茶炊子	1	副	高90，见方65	近200年	烧水/照明
引锣	1	个	直径20，边高3	近200年	引路
铛铛	1	个	直径16.5，边高2.3	近200年	演奏
镲铬	1	个	直径15，瓮高4	近200年	演奏
手挑杆	40	根		近200年	灯杆

附录五
刘家园祥音法鼓老会相关方言称谓

1. 在理儿：指信奉在理教的人，遵守在理教的五条戒律，戒烟戒酒。在理教创立于清康熙年间。

2. 引锣：负责引导行会队伍前行的人，一般由老会头和会中前辈担当，手持锣行会。

3. 二锣：主要负责掌管后场，表演开始和结束由引锣与二锣决定，由会中德高望重且经验丰富的老前辈担当。

4. 前场：又名前行儿，行会中走在前面的那部分，包括引锣、门旗、软硬对、高照、茶炊子等，相当于仪仗。

5. 后场：与前场相对，指法鼓五种演奏器具鼓、铙、钹、铛铛、镲铬的表演。

6. 会催：会中负责组织联络等内勤工作的人。

7. 挑费：方言，指日常花费。

8. 眼力见儿：在场面中见机行事的本领。

9. 爷：老天津人对对方的尊称，会与会之间拜会的时候，会头互相作揖敬拜的时候，互称"爷"。

10. 红眼、白眼：方言，天津人称自己的孙子为红眼儿，称自己的外孙为白眼儿。

11. 窜个儿：小孩长个子。

12. 脚行：旧时搬运行业，专门从事为别人搬运货物的机构，由一个脚行头和一些脚夫组成，由脚行头负责管理并从中剥削渔利。

13. 撂一场：指法鼓表演一番、敲一通。

14. 干嘛吃喝嘛：干一样是一样，认认真真地干。

15. 公所：公所是村子里的公共场所，都是村子里在理儿的老人待的地方，也称老公所。

16. 家伙什：会里所有的设摆器具和表演器具，俗称家伙什。

17.点：会里学法鼓，要先学会记点，点指的是会里所有的曲谱。

18.独一份：指独门技艺，或技艺特别高超者。

19.老门口儿：本地原住民。

20.闷练：自己偷偷练习，不让别人知道。

21.勤行：靠勤快麻利挣钱的行当，主要指厨师行当。

22.找便宜：占别人便宜。

23.捋叶子：偷学别会的技艺。

24.祸祸：糟蹋，糟践。

25.打：从的意思，比如"打哪儿"为从哪里，"打小"即从小的意思。

26.哏儿：有趣，有意思。

后记

　　法鼓会是天津民间花会中一个最为主要的会种，在其最为鼎盛的清代，最多的时候有130余道，据现存的《天津天后宫过会行会图》记载，这次于嘉庆年间举行的皇会共有老会89道，其中法鼓会就有16道之多。刘家园祥音法鼓老会于道光年间成立，依据大多数法鼓会命名的规则，以老会所在地刘家园村冠名，辅以"祥音"二字，预示着老会百年来的祥和、安乐。实际上，刘家园祥音法鼓老会自成立之日起，每每遇到天灾人祸，总是能得到贵人相助。在老会成立之初，得到衣锦还乡的曹克忠大帅资助置齐会具；在战争年代，为了避免侵略者对于会具的破坏，又有村民将其藏匿于五仙庙之中；到了"文革"时期，在红卫兵即将把会具砸毁之时，为魏彭祥老人所喝退；等到"文革"结束，百废待兴，又恰逢时任村书记的张振贵联合田文起等人终于将本已处在危机之际的老会复兴起来。但纵使有贵人相助，村民无人响应也是枉然，每每遇到危机情况，村民们都能够齐心协力，正因如此才使得老会度过了一个又一个难关，不断发展壮大。成长至今，已经发展出六代传承人，有着非常明晰的传承谱系，并入选第二批"国家级非物质文化遗产"名录。

　　自2013年8月起，笔者先后数次来到刘家园祥音法鼓老会进行采访，深感于刘园民众的热情与周到。无论何时到达，田文起先生总是已经早早地打开会所的大门，等待着笔者一行。在采访过程中，笔者提出的各种要求，会员们也都会尽力去满足，有什么样的问题，会员们也都会耐心地解答，直到让笔者了解清楚为止。老鼓手张振贵研究出了"首品"的鼓谱与各段前奏、连接段的鼓谱，笔者在向众会员询问其中的究竟时，会员们每每认真进行核对，有的时候还会发生激烈的争论，而这种认真严谨的态度也让笔者十分感动。

本书撰写的目的，一来是希望为刘家园祥音法鼓老会完成一部文化档案，将老会百年来的发展、传承情况与自身的技艺通过文字与图片的方式记录下来，作为一份有价值的资料供老会留存；二来也可以为那些对天津皇会与法鼓艺术感兴趣的民众提供一份深入浅出的文字性介绍，唤醒民众的文化情怀，在一定程度上具有文化普适性的意义。同时，笔者认为，刘家园祥音法鼓老会传承与发展的情况可以作为在当今城镇化进程中经济发展与文化保护之间协调发展的良性案例，具有典型意义与参考价值。

书中的一部分参考资料来自于《中国民族民间舞蹈集成·天津卷》；另一部分来自笔者在刘家园祥音法鼓老会中采访所收集整理的文字、音频、视频资料。书中的图片一部分为刘家园祥音法鼓老会提供，其中包括摄影家王晓岩老师所拍摄的一些图片；另一部分则为笔者所拍摄。本书在写作过程中，得到了刘家园祥音法鼓老会会长刘玉新、副会长王旭，以及会员田文起、北仓民间艺人只生光、北辰区文化局纪宝忠科长等人的大力支持与帮助，在此表示诚挚的感谢与敬意。

2014年6月

于天津大学冯骥才文学艺术研究院

图书在版编目（CIP）数据

刘家园祥音法鼓老会／路浩，张彰著．—济南：
山东教育出版社，2014

（天津皇会文化遗产档案／冯骥才主编）
ISBN　978－7－5328－8502－2

I.①刘…　 II.①路…　②张…　 III.①风俗习惯－
史料－天津市　 IV.①K892.421

中国版本图书馆CIP数据核字(2014)第154795号

天津皇会文化遗产档案丛书
刘家园祥音法鼓老会
冯骥才　主编

主　管：山东出版传媒股份有限公司

出版者：山东教育出版社

　　　　（济南市纬一路321号　　邮编：250001）

电　话：(0531)82092664　　传真：(0531)82092625

网　址：http://www.sjs.com.cn

发行者：山东教育出版社

印　刷：山东临沂新华印刷物流集团有限责任公司

版　次：2014年6月第1版第1次印刷

规　格：787mm×1092mm　16开本

印　张：9.75印张

字　数：121千字

书　号：ISBN 978－7－5328－8502－2

定　价：65.00元

（如印装质量有问题,请与印刷厂联系调换）
印厂电话：0539－2925659